Deg Chwedl o Gymru

Deg Chwedl o Gymru

Meinir Wyn Edwards

Lluniau Gini Wade a Morgan Tomos

Y Lolfa

Cyhoeddwyd ac argraffwyd yng Nghymru
gan Y Lolfa Cyf., Talybont, Ceredigion, SY24 5HE
e-bost: ylolfa@ylolfa.com
y we: www.ylolfa.com
ffôn: 01970 832304
ffacs: 01970 832782

Cynnwys

Branwen a Bendigeidfran	7
Breuddwyd Macsen	18
Cantre'r Gwaelod	33
Dic Penderyn	47
Gwylliaid Cochion Mawddwy	59
Llyn y Fan Fach	71
Maelgwn Gwynedd	81
Merched Beca	93
Rhys a Meinir	104
Twm Siôn Cati	116

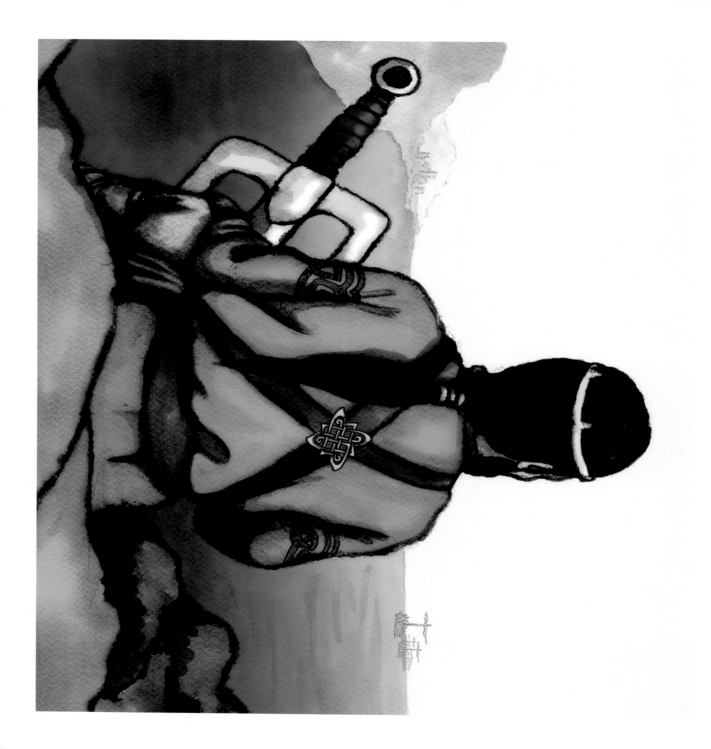

Branwen a Bendigeidfran

Y wlad agosaf i Gymru dros y môr yw Iwerddon. Mae pobl y ddwy wlad wedi bod yn ffrindiau da ers canrifoedd, ond un waith, flynyddoedd maith yn ôl, bu cweryla cas rhyngddyn nhw.

Roedd teulu pwysig iawn yn byw yn Harlech ers talwm. Llŷr oedd enw'r tad, ac roedd ganddo bump o blant. Bendigeidfran oedd yr hynaf ac roedd yn frenin Ynys y Cedyrn. Dyna oedd enw Prydain ar y pryd. Roedd ganddo chwaer o'r enw Branwen, a thri brawd – Manawydan, a Nisien ac Efnisien a oedd yn efeilliaid.

Un diwrnod, roedd Bendigeidfran yn eistedd ar graig yn edrych allan i'r môr.

"Beth yn y byd?" meddyliodd Bendigeidfran. "Beth yw'r holl longau 'na?"

Roedd 13 o longau hardd Matholwch, brenin Iwerddon, yn anelu am Harlech. Roedd eu hwyliau sidan gwyn wedi eu clymu i ddangos eu bod yn dod mewn heddwch. Glaniodd y llongau a chafodd y Gwyddelod groeso mawr.

"Aaa, Bendigeidfran!" meddai Matholwch yn bwysig i gyd. "Mae Branwen dy chwaer wedi tyfu'n ferch hardd ac rwyt ti'n gwybod yn iawn pam rydw i yma."

"Wrth gwrs," atebodd Bendigeidfran. "Fe drefnwn ni'r briodas ar unwaith!"

Felly, priododd Matholwch a Branwen mewn pabell anferth yn Aberffraw – doedd dim adeilad digon uchel i ddal Bendigeidfran, y cawr o frenin. Roedd yn ddiwrnod hapus a phawb yn gwledda a dawnsio. Pawb ond Efnisien.

Un cas oedd Efnisien ac un cenfigennus. Doedd e ddim yn hoffi Matholwch o gwbl ac wrth i bawb fwynhau yn y briodas sleifiodd i'r stablau lle roedd ceffylau Matholwch yn cael eu cadw.

"Ha! Bydd Matholwch yn difaru ei fod wedi priodi Branwen fach ni," meddai Efnisien.

Aeth at geffylau Matholwch a thorri clustiau, tynnu llygaid, hollti gwefusau a thorri cynffonnau pob un i ffwrdd. Pan welodd Bendigeidfran beth oedd wedi digwydd, fe ymddiheurodd am ymddygiad gwarthus ei frawd.

"Mae'n ddrwg iawn gen i, Matholwch," meddai Bendigeidfran. "Rhaid i fi dalu'n ôl i ti am hyn."

Cynigiodd Bendigeidfran ffon arian, plat aur, ceffylau newydd a phair arbennig i frenin Iwerddon. Roedd y Pair Dadeni wedi dod o Iwerddon ac roedd Matholwch yn gwybod beth oedd cyfrinach y pair a'i hud arbennig.

Aeth Branwen yn ôl i Iwerddon gyda'i gŵr a chafodd ei thrin fel brenhines. Derbyniodd llawer o anrhegion – gemau, tlysau a modrwyau aur ac arian. Roedd yn byw mewn castell crand ac o fewn blwyddyn ganwyd Gwern yn fab i Branwen a Matholwch.

Ond, daeth pobl Iwerddon i glywed y si am geffylau Matholwch a bod Efnisien, brawd y frenhines Branwen, wedi dial arno. Dechreuodd y bobl wawdio'r brenin ac aeth yn wyllt gacwn.

"Ti sydd wedi sôn am hyn?" gwaeddodd Matholwch ar Branwen. "Wyt ti eisiau dial arna i am dy gymryd di o Gymru? Gei di dalu am hyn!"

Cafodd Branwen, brenhines Iwerddon, ei chloi mewn ystafell fach, fach. Bu raid iddi weithio bob awr o'r dydd fel morwyn ac roedd Matholwch wedi gorchymyn y cogydd i roi bonclust iddi unwaith y dydd!

Am dair blynedd bu Branwen yn gaeth, yn byw fel carcharor. Roedd hi'n llawn hiraeth am Gymru, ei theulu a'i brawd, Bendigeidfran.

"Beth petai Bendigeidfran yn gwybod sut mae Math yn fy nhrin i? Byddai'n benwan!" meddai Branwen yn dawel wrth aderyn bach a fyddai'n dod at ei ffenest bob dydd. Roedd hi'n siŵr fod y drudwy'n deall bob gair.

"Wyt ti wedi hedfan o Gymru? Wyt ti'n nabod Bendigeidfran? Dwi'n siŵr dy fod di. Y cawr o frenin, o Harlech?"

Yr unig beth a fyddai'n torri ar fywyd diflas Branwen oedd siarad â'r drudwy bach, yn Gymraeg, bob dydd. Byddai'n dod at y ffenest, yn gwyro'i ben ac yn gwrando ar Branwen yn crio a hiraethu. Byddai Branwen yn tynnu llun wyneb Bendigeidfran yn y llwch ac un diwrnod, meddai,

"Dwi am i ti wneud rywbeth drosta i, iawn? Dyma lythyr. Dwi am i ti hedfan draw i Gymru at Bendigeidfran a rhoi hwn iddo. Wnei di?"

Clymodd Branwen ddarn o bapur o dan adain y drudwy bach ac i ffwrdd ag e ar frys dros y môr.

Pan gyrhaeddodd Caer Saint a gweld Bendigeidfran yn sefyll ben ac ysgwydd uwchben pawb, glaniodd y drudwy bach ar ei ysgwydd, siglo'i adenydd a syrthiodd y llythyr i ddwylo'r brenin.

Ar ôl darllen y llythyr roedd y cawr yn gandryll a phenderfynodd fynd draw i Iwerddon ar unwaith.

"Dewch â'r llongau cyflymaf a'r milwyr cryfaf. Rhaid i ni achub Branwen o grafangau Matholwch. Dewch. Brysiwch!" gwaeddodd.

Rhedodd pawb fel pethau gwyllt i orchmynion y brenin a chyn hir roedd llynges fawr ar y môr rhwng y ddwy wlad. Doedd dim cymaint o fôr ar yr adeg honno a doedd dim llong digon o faint i ddal Bendigeidfran felly brasgamodd ar draws y tonnau fel mynydd mawr.

Ond roedd milwyr Math yn gallu eu gweld yn dod o bell a dyma nhw'n cynllwynio.

"Oho! Ro'n i wedi disgwyl hyn," meddai Math. "Chaiff y Cymry ddim cyfle i ddial arna i *eto*, o na."

Pan gyrhaeddodd Bendigeidfran a'i lynges Iwerddon, doedd dim sôn am Math a'r Gwyddelod.

"O, mae'r brenin bach wedi mynd i guddio," meddai Bendigeidfran yn wawdlyd. "Does ganddo ddim yr asgwrn cefn i'm wynebu i."

Ond roedd y Gwyddelod wedi dymchwel pob pont er mwyn rhwystro'r Cymry rhag croesi afon Llinon.

"Ha!" gwaeddodd Bendigeidfran. "Ydy e'n meddwl y gall e fy rhwystro i rhag mynd at Branwen? Byth! Dewch, fe gewch chi gerdded drosta i."

A dyma'r cawr yn gorwedd o un ochr yr afon i'r llall a cherddodd yn milwyr dros ei gorff yn hawdd!

Pan welodd Matholwch ei fod wedi ei drechu, dechreuodd fod yn neis wrth Bendigeidfran. Ymddiheurodd yn daer am drin Branwen mor wael, cafodd hithau ei rhyddhau a chafwyd gwledd mewn neuadd anferth o gerrig i groesawu'r Cymry.

Ond roedd Math cyfrwys wedi cuddio cant o ddynion mewn sachau lledr y tu ôl i bileri – pob un yn barod i ymosod. Roedd Efnisien wedi dod i wybod am hyn ac fe rwygodd bob un sach gyda'i gyllell finiog, gan ladd y cant o ddynion! A dyma frwydr ffyrnig yn dechrau rhwng pobl Iwerddon a phobol Cymru.

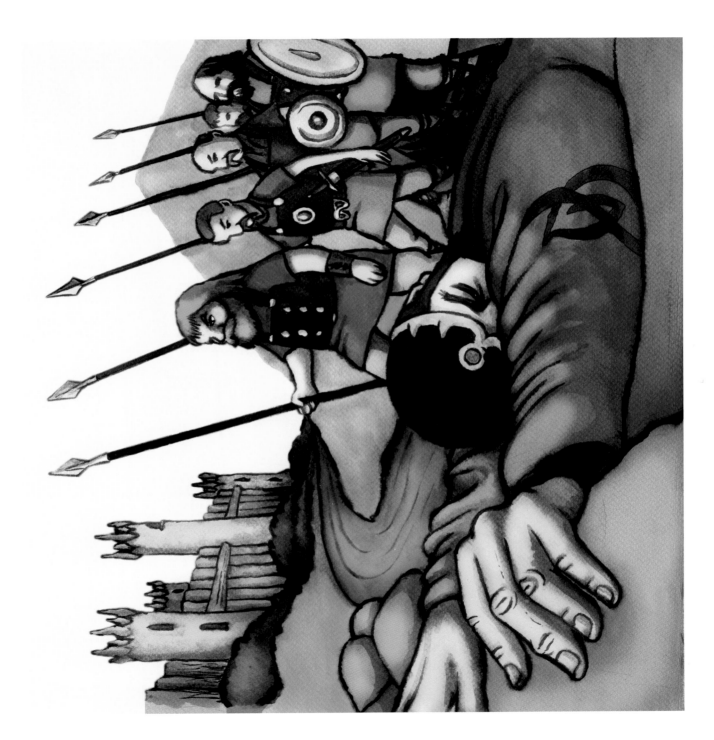

Cofiodd Math yn sydyn am hud y Pair Dadeni. Cynheuodd dân odano yn gyflym a thaflu cyrff ei gant o ddynion marw i mewn iddo, un ar ôl y llall. Ond sut yn y byd oedd cant o ddynion mawr, cyhyrog yn ffitio ynddo? Dyna hud y Pair arbennig. Ac erbyn y bore, roedd y cant o filwyr wedi dod yn ôl yn fyw ac yn iach, ond yn hollol fud!

Taflodd Efnisien ei hun i'r pair, cyn iddo gael ei ladd gan y Gwyddelod. Ond chwalodd y pair yn bedwar darn, a bu farw Efnisien.

Dim ond saith milwr, Branwen a Bendigeidfran hwyliodd yn ôl i Gymru. Roedd y brenin wedi cael ei drywanu yn ei droed â chyllell wenwynig yn ystod y brwydro ac ar ôl croesi'r môr a chyrraedd Ynys Môn roedd yn rhaid iddo orffwys ar lan afon Alaw.

Doedd e ddim yn gallu symud cam arall.

"Branwen," meddai, "paid â bod yn drist. Ar ôl i fi farw, dwi am i chi dorri fy mhen i ffwrdd a gwledda am saith mlynedd i ddathlu fy mywyd. Bydd adar hardd Rhiannon, yr adar mwyaf swynol yn y byd, yn canu bob dydd."

Ac yna bu farw Bendigeidfran.

"Mae'n ddrwg gen i, Bendigeidfran," meddai Branwen yn dawel wrth ei brawd. "Fyddai hyn i gyd ddim wedi digwydd pe bawn i heb fynd i Iwerddon." Rhoddodd ochenaid hir a bu farw hithau hefyd, wedi torri ei chalon.

Ymhen saith mlynedd, cafodd pen Bendigeidfran ei gario i'r Tŵr Gwyn yn Llundain a gosodwyd ei wyneb ar bolyn â'i wyneb yn edrych i gyfeiriad Ffrainc. Y tu allan i'r Tŵr Gwyn hyd heddiw mae nifer o frain yn crawcian a hofran, i gofio am Bendigeidfran a Branwen, ac i ddangos bod Bendigeidfran yn cadw'r wlad rhag ymosodiadau gan wledydd eraill.

Ar Ynys Môn mae olion bedd sgwâr o gerrig i'w gweld ger glan afon Alaw lle cafodd Branwen ei chladdu.

Sgwn i a oes 'na ddrudwy
bach yn canu cân drist
ar lan yr afon
bob dydd?

Breuddwyd Macsen

Ry'n ni yma o hyd!
Ry'n ni yma o hyd!
Er gwaetha pawb a phopeth
Ry'n ni yma o hyd!

Dwyt ti'm yn cofio Macsen,
Does neb yn ei nabod o.
Mae mil a chwe chant o flynyddoedd
Yn amser rhy hir i'r co'.

Macsen Wledig oedd y dyn yng nghân Dafydd Iwan, 'Yma o Hyd'. Dyn pwerus, pwysig oedd Macsen, yn Ymerawdr Rhufain yn y chweched ganrif.

Un diwrnod, aeth Macsen a 32 o ddynion i hela. Roedd hi'n dywydd braf, a'r haul yn boeth.

"Ffiw, mae'n boethach nag arfer heddiw! Fe af i i orwedd am dipyn dwi'n credu, allan o wres yr haul tanbaid yma," penderfynodd.

A chafodd Macsen
freuddwyd.
Yn ei freuddwyd,
teithiodd Macsen ar
hyd afon hir, hir nes
cyrraedd yr aber lle
llifai i mewn i'r môr.

Dringodd Macsen y
mynydd uchaf yn y
byd a phan
gyrhaeddodd y copa
medrai gyffwrdd â'r
cymylau uwch ei ben.

O'r copa, gallai weld afonydd di-ri yn llifo tuag at y môr sgleiniog yn y
pellter.

Dilynodd Macsen daith yr afon fwyaf ar hyd y dyffryn harddaf a
chyrraedd yr aber lletaf yn y byd.

Yno, ar lan y môr, gwelodd ddinas fawreddog a chastell godidog.
Hedfanai baneri o'r tyrau uchel, amryliw.

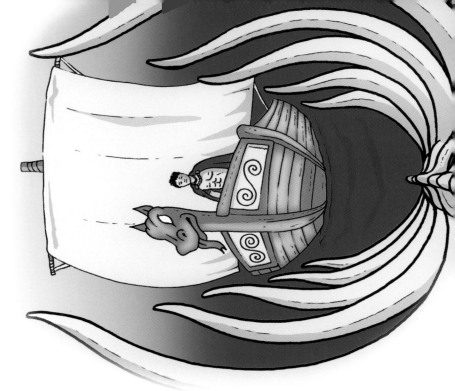

Yn arnofio ar wyneb y dŵr, roedd llongau o bob math. Yn wir, dyna'r llynges fwyaf i Macsen ei gweld erioed. Roedd un llong yn sefyll yn y canol, yn fwy ac yn wychach na'r lleill i gyd. Hwyliau o sidan gwyn oedd arni ac roedd wedi ei gwneud o aur ac arian sgleiniog.

Cerddodd Macsen ar hyd y bont o esgyrn morfil i mewn i'r llong ac fe hwyliodd dros y môr nes cyrraedd ynys fawr, ei chreigiau'n uchel a garw a'i thraethau'n felyn a llyfn.

Yn ei freuddwyd, teithiodd Macsen o gwmpas y wlad hudol yn ei long ddisglair a chyrraedd ynys fechan ar un ochr, a thir gwastad gwyrdd ar yr ochr arall.

Ar y tir gwastad gwyrdd roedd castell carreg, y castell harddaf a welodd Macsen erioed.

"Waw! Rhaid i fi fynd i gael golwg agosach ar hwn," meddyliodd Macsen.

23

Roedd porth y castell ar agor, fel petai'n cynnig croeso cynnes iddo. Cerddodd Macsen drwy'r porth, yn gyffro i gyd, ac i mewn i neuadd hir, hir ac iddi do uchel a waliau wedi'u gorchuddio gan gerrig gwerthfawr a pherlau. Roedd y drysau yn aur pur.

Roedd dau fachgen ifanc yn penlinio'n dawel wrth fwrdd isel, arian yn chwarae gwyddbwyll â darnau aur, cain. Gwisgai'r ddau ddillad sidan lliw du fel y frân a choronau aur ar eu gwalltiau browngoch. Roedd esgidiau o ledr gorau Sbaen am eu traed a byclau mawr aur arnyn nhw.

Ym mhen pellaf'r neuadd hir, hir, eisteddai dyn a'i wallt yn dechrau britho, ar gadair urddasol ifori a dau eryr mawr aur ei breichiau, fel cadair eisteddfod. Roedd y dyn yn cerfio darnau gwyddbwyll o ddarn mawr o aur.

Ac yna, gwelodd Macsen y ferch harddaf erioed. Roedd hi'n boenus o harddl! Tywynnai'r haul o'i gwallt melyn. Gwisgai ddillad sidan gwyn ac aur, coron aur a pherlau a gemau arni, a gwregys aur am ei chanol main.

Yn sydyn, dyma'r ferch yn codi, yn rhedeg at Macsen ac yn rhoi ei breichiau am ei wddf.

"O, Macsen, fy nghariad! Dyna ti, o'r diwedd!" gwaeddodd mewn llais fel mêl fed.

Ac ar yr eiliad honno, deffrodd Macsen o'i freuddwyd!

Clywodd y cŵn hela'n cyfarth,

y tariannau'n taro,

y cyrn yn canu,

y ceffylau'n gweryru,

a theimlodd Macsen yn drist ac yn hapus ar yr un pryd.

Roedd wedi syrthio mewn cariad dros ei ben a'i glustiau â'r ferch yn ei freuddwyd ond wyddai e ddim sut oedd dod o hyd iddi. Doedd dim awydd bwyta arno, na hela na mwynhau. Doedd bywyd ddim gwerth ei fyw heb y ferch yn ei freuddwyd.

"Rhaid i fi fynd i chwilio amdani," meddai wrth ei weision un diwrnod.

"Fedra i ddim byw hebddi."

"Ond syr," meddai un o'i weision wrtho, "mae pobl yn dechrau chwerthin am dy ben di a cholli parch tuag atat ti. Ti yw'r Ymerawdr. Beth wyt ti am wneud?"

Ond doedd Macsen ddim yn poeni am hynny. Gorchmynnodd i 13 o'i negeswyr deithio a chwilio amdani am ddwy flynedd, ac ar ddiwedd y cyfnod, fe wyddai y byddai'r gweision yn dod yn ôl ac yn dweud eu bod wedi darganfod y ferch yn y freuddwyd.

A dyna'n union ddigwyddodd.

Roedd Macsen yn hapus ei fyd am y tro cyntaf ers sawl blwyddyn.

Roedd yn mynd i fyw ei freuddwyd o'r diwedd.

O Rufain, fe ddringodd Macsen a'i fyddin y mynydd uchel a dilyn yr afon tuag at y môr.

Fe welon nhw'r castell godidog a'r tyrau uchel, amryliw, ac yna fe wnaethon nhw hwylio ar y llong aur ac arian dros y môr a choncro gwlad hudol Prydain a'i chreigiau uchel, garw a'i thraethau melyn, llyfn.

Yna, fe gyrhaeddon nhw ynys fechan Môn a thir gwastad, gwyrdd Arfon yr ochr draw iddi.

Ac yn union fel ei freuddwyd, gwelodd gastell carreg Aber Saint a'r porth ar agor. Cerddodd Macsen drwy'r porth, a'i galon yn curo fel gordd.

Yn y neuadd hir, hir o aur, roedd y ddau fachgen, Cynan a Gadeon, yn chwarae gwyddbwyll. Roedd eu tad, Eudaf, yn eistedd ar ei orsedd ifori, yn cerfio darnau gwyddbwyll.

Ac yna, gwelodd Macsen hi – merch ei freuddwydion, y ferch harddaf yn y byd. Elen.

"O'r diwedd, dyma ti," meddai Macsen. "A wnei di 'mhriodi i?"

Rhuthrodd Elen ato, a rhoi ei breichiau am ei wddf, a dweud, "O, Macsen! Gwnaf, wrth gwrs."

"Ti fydd Ymerodres Rhufain. Fe gei di bopeth gen i."

Adeiladodd Macsen dri chastell i Elen – yng Nghaernarfon, Caerllion a Chaerfyrddin – a thriongl o ffyrdd i gysylltu'r tri. Cafodd pridd o Rufain ei gludo i Gaernarfon er mwyn i Macsen deimlo'n fwy cartrefol.

Priododd Elen a Macsen a chafodd Eudaf, tad Elen, ynys Prydain fel anrheg. Roedd pawb ar ben eu digon.

Aeth saith mlynedd heibio, ac roedd pobl Rhufain wedi cael llond bol ar aros i'r Ymerawdr Macsen ddod yn ôl. Dewisodd Rhufain ymerawdr arall yn ei le, ac anfonodd hwnnw lythyr cas at Macsen, yn ei fygwth:

"Os ddoi di byth yn ôl i Rufain, fe…" a dyna i gyd.

"Mae'n rhaid i fi fynd yn ôl i Rufain," meddai Macsen wrth Elen, ar ôl trafod yn hir.

Felly, dyma'r ddau, a byddin fawr, yn teithio i Rufain, a choncro Ffrainc a rhan o'r Eidal ar eu ffordd yno. Ond sut groeso fyddai'n eu haros yn ninas Rhufain?

Ar ôl wythnosau o ffwydro ei ffordd, Rhufain oedd yr unig le roedd gan Macsen ar ôl heb ei goncro. Doedd ei fyddin ddim yn gallu torri trwy waliau'r ddinas, er iddyn nhw drio am flwyddyn gyfan.

Un diwrnod, aeth Elen am dro a gweld byddin yn nesáu at ddinas Rhufain. Rhedodd at Macsen a gweiddi,

"Macsen! Mae Cynan a Gadeon yn dod! Ac mae ganddyn nhw fyddin fawr! Fe allan nhw ein helpu i ymosod ar y waliau a mynd i mewn i'r ddinas."

"Diolch byth amdanyn nhw!" meddai Macsen yn llawen.

A dechreuodd y dynion gynllwynio.

"Y waliau yw'r broblem," meddai Cynan yn ddoeth. "Beth am wneud ysgolion i ddringo drostyn nhw? Gallwn aros tan i'r ymerawdr newydd a'i fyddin gael eu gwledd ganol dydd, yna, dringo'r waliau, ac ymosod yn annisgwyl!"

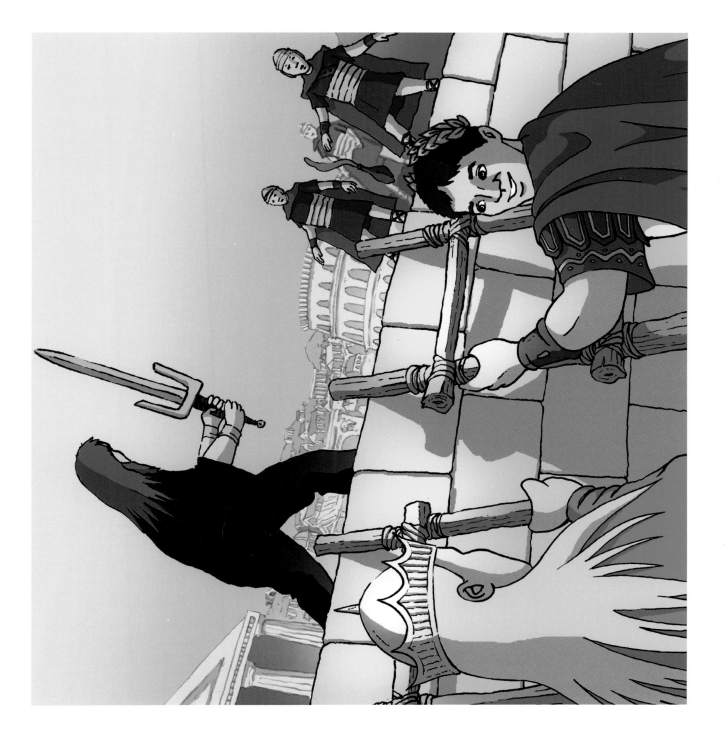

Lladdwyd yr ymerawdr newydd a'i fyddin ar ganol eu cinio! Doedden nhw ddim wedi cael amser i wisgo'u harfau hyd yn oed. Roedd byddin Macsen, Cynan a Gadeon wedi gorchfygu dinas Rhufain!

Cafodd Macsen ac Elen groeso mawr gan y Rhufeiniaid, daeth Macsen yn ymerawdr eto a chael ei ymerodraeth i gyd yn ôl.

"Diolch i chi am helpu, Cynan a Gadeon," meddai Macsen. "Fe gewch chi enwi eich gwobr – fe rodda i chi unrhyw wlad yn y byd!"

Penderfynodd Cynan fynd yn ôl i Gymru ac aeth Gadeon i fyw yn y wlad a elwir heddiw yn Llydaw.

Bu Macsen ac Elen yn hapus iawn, a chysgai Macsen â gwên fawr ar ei wyneb bob nos.

Cofiwch, *mae'n* bosib i freuddwyd ddod yn wir!

Cantre'r Gwaelod

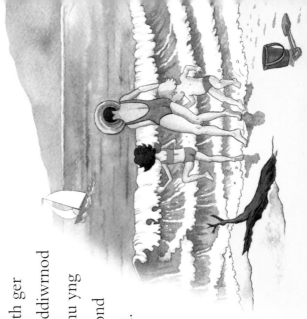

O dan y môr a'i donnau
Mae llawer dinas dlos,
Fu'n gwrando ar y clychau
Yn canu gyda'r nos.
Trwy ofer esgeulustod
Y gwyliwr ar y tŵr,
Aeth clychau Cantre'r Gwaelod
O'r golwg dan y dŵr.

Os ewch chi i sefyll wrth y môr yn y Borth ger Aberystwyth neu ar draeth Aberdyfi ar ddiwrnod tawel braf, fe allwch glywed sŵn clychau'n canu yng nghanol y tonnau. Bae Ceredigion yw'r môr ond amser maith yn ôl doedd dim môr yno o gwbl.

Mae'n anodd dychmygu heddiw fod yno bentrefi prysur mewn ardal o'r enw Cantre'r Gwaelod.

Gwyddno Garanhir oedd brenin Cantre'r Gwaelod. Roedd yn byw mewn palas hardd o'r enw Caer Wyddno gyda'i wraig a dau o blant, Mererid a Gronw.

Ffermio oedd gwaith llawer iawn o'r bobl ac roedd Cantre'r Gwaelod yn enwog am ei ffrwythau blasus, yn enwedig grawnwin. Roedd y tir yng Nghantre'r Gwaelod yn wych ar gyfer tyfu cnydau ac roedd y caeau'n llawn llysiau. Roedd digon o fwyd ac roedd bywyd yn braf. Ond roedd gan bawb *un* ofn mawr oedd fel cwmwl du uwchben…

… y môr.

Y môr oedd yn rheoli eu bywydau, ddydd a nos. Roedd wal uchel o gwmpas yr ardal er mwyn cadw'r môr allan oherwydd roedd y tir yn is na lefel y môr. Roedd rhaid gwneud yn siŵr fod y drysau mawr oedd yn y wal, yn y morglawdd, yn cael eu cau a'u hagor ddwy waith bob dydd. Gelyn pawb yng Nghantre'r Gwaelod oedd y môr a byddai pob mam yn aml yn rhybuddio plentyn drwg:

"Bydd di'n ofalus, neu fe fydd Gwenhudwy, bwystfil y môr, yn dy ddal di ac yn dy daflu di i'r tonnau!"

Y gwaith pwysicaf i gyd yng Nghantre'r Gwaelod oedd gofalu am y morglawdd ac roedd rhaid cael person arbennig i wneud y gwaith – person cryf a chyfrifol, a rhywun allai pawb ddibynnu arno.

Seithennyn gafodd y gwaith – dyn pwysig a chyfoethog. Roedd ei dad yn Dywysog Dyfed ac yn ffrind mawr i Gwyddno Garanhir, y brenin. Gwaith Seithennyn oedd cau'r drysau yn y morglawdd ddwy waith y dydd pan fyddai llanw'r môr yn dod i mewn, ac agor y drysau ddwy waith y dydd pan fyddai'r môr yn mynd allan, ar drai. Felly, fe fyddai pawb yng Nghantre'r Gwaelod yn ddiogel rhag y môr.

Ond sut un oedd Seithennyn?

Wel, doedd Seithennyn *ddim* yn berson cryf na chyfrifol a doedd e *ddim* yn berson y gallai pawb ddibynnu arno. Roedd rhaid cael gwylwyr i'w helpu ddydd a nos. Ac os oedd angen rhoi rhybudd i'r bobl fod storm ar y ffordd, fe fyddai'r gwylwyr yn canu cloch y tŵr.

Dau o'r gwylwyr oedd Gwyn a Llewelyn. Roedden nhw wrth eu bodd yn cerdded ar hyd y morglawdd uchel ac edrych allan i'r môr. Dyna fu eu gwaith ers blynyddoedd maith. Roedd y ddau wedi mynd dipyn yn hen ond roedden nhw'n dal i siarad cymaint ag erioed.

"Wyt ti 'di clywed am y wledd fawr 'te?" gofynnodd Gwyn un diwrnod braf.

"Wel ydw. Mae p-pawb wedi c-clywed am y wledd," meddai Llewelyn yn araf.

"Wyt ti 'di cael gwahoddiad 'te?" holodd Gwyn.

"Wel nac ydw siŵr. Dwi ddim yn ddigon p-pwysig i g-gael gwahoddiad," meddai Llewelyn.

Roedd *pawb* yng Nghantre'r Gwaelod yn siarad am y wledd fawr. Dyma'r wledd fwyaf a phwysicaf ym mhalas Gwyddno Garanhir ers amser maith.

Roedd Mererid, y dywysoges, yn cael ei phen-blwydd ac roedd cannoedd o bobl, o bell ac agos, wedi cael gwahoddiad. Roedd nifer o longau mawr crand yn cyrraedd Cantre'r Gwaelod, rhai o Ffrainc hyd yn oed, yn ôl pob sôn.

Roedd Mererid yn ferch hardd iawn ac roedd ei thad wedi trefnu gwledd fawreddog er mwyn iddi ddod o hyd i gariad a fyddai'n ei phriodi.

Ond doedd y brenin Gwyddno ddim yn sylweddoli bod rhywun eisoes mewn cariad â Mererid. Rhywun cyfoethog a phwysig, ac roedd y brenin a'r dywysoges yn ei adnabod yn iawn.

Ie, Seithennyn.

Roedd Seithennyn wedi penderfynu y byddai'n dweud wrth Mererid ar ddiwrnod ei phen-blwydd ei fod yn ei charu ac am ei phriodi. Sgwn i beth fydd ei hateb?

Cyrhaeddodd diwrnod y wledd ac roedd pawb yn brysur yn addurno'u tai a'r pentrefi i gyd gyda rhubanau a baneri pinc a gwyn.

Roedd hi'n ddiwrnod braf a'r awyr yn las a digwmwl pan ddechreuodd y wledd tua dau o'r gloch y prynhawn. Roedd pawb allan ar y strydoedd yn gweiddi ac yn canu.

Roedd Gwyn a Llewelyn ar y morglawdd ers oriau, yn disgwyl i Seithennyn ddod i ddweud wrthyn nhw am fynd adre a bod dau wyliwr arall yn dod i gymryd eu lle.

Ond ble roedd Seithennyn?

Wrth gwrs, roedd Seithennyn yn mwynhau ei hun yn y wledd – yn bwyta'r bwyd gorau, yn yfed y gwin gorau ac yn dawnsio a chanu gyda'r ferch harddaf yn y byd. Roedd ar ben ei ddigon. Hwn oedd diwrnod gorau ei fywyd!

Gwahoddodd y brenin y telynor gorau yn y wlad i ganu penillion i Mererid ac i ganu'r delyn. Roedd y telynor yn ddall ac fe rybuddiodd y byddai storm fawr yn dod.

"Storm? Hy! Paid â bod yn wirion! Mae'n ddiwrnod bendigedig," meddai'r brenin.

"Na, peidiwch â phoeni, does dim arwydd o storm heddiw," meddai Seithennyn yn wawdlyd.

Ond...

... erbyn iddi nosi, roedd cymylau mawr du'n agosáu at Gantre'r Gwaelod.

Dechreuodd y gwynt chwythu'n gryf o'r de-orllewin.

Yna, dechreuodd fwrw glaw'n drwm ac roedd mellt yn goleuo'r awyr dywyll. Roedd Gwyn a Llewelyn ar y morglawdd o hyd, wedi blino'n lân ar ôl gweithio ers oriau mân y bore.

"Ble yn y byd mae Seithennyn? Ddylwn i fynd i chwilio amdano?" gofynnodd Gwyn yn flin.

"Wel, ie, c-cer di. Ti'n c-cerdded yn gynt na f-fi," meddai Llewelyn.

Wrth i'r ddau siarad, dyma'r gwynt yn rhuo a'r tonnau'n codi'n uwch ac yn uwch.

"Ond beth wnawn ni am y drysau 'te?" gwaeddodd Gwyn. Roedd sŵn y taranau a'r tonnau'n boddi eu lleisiau erbyn hyn.

"C–cer di i nôl help ac fe af i i g–ganu c–cloch y tŵr," gwaeddodd Llewelyn.

Gwahanodd y ddau – a welodd neb y môr yn llifo fel afon drwy'r drysau, a chlywodd neb gloch y tŵr yn canu.

Cyrhaeddodd Gwyn y palas a'i wynt yn ei ddwrn.

"Ymm, esgusodwch fi!" gwaeddodd ar dop ei lais.

Stopiodd y gerddoriaeth a throdd pawb i edrych yn syn ar Gwyn.

"Mae 'na storm ofnadwy ar ei ffordd," gwaeddodd. "Rhaid i chi ddianc, yn bell o'r môr."

Rhedodd pawb allan o'r palas yn wyllt a gweld y tonnau uchel yn cael eu chwythu tuag atyn nhw.

Rhaid dianc!

Roedd hi'n storm ddychrynllyd!

Rhaid cyrraedd y mynyddoedd! Yn gyflym, gyflym!

Ond roedd hi'n rhy hwyr.

Aeth Cantre'r Gwaelod o dan y môr yn y flwyddyn 600. Boddwyd cannoedd o bobl ar y noson ofnadwy honno ac aeth un deg chwech o bentrefi o dan y dŵr.

Cafodd Caer Wyddno, palas hardd Gwyddno Garanhir, ei chwalu gan y tonnau a'r gwynt, a dim ond pentyrrau o gerrig yma a thraw oedd ar ôl o'r morglawdd.

Cafodd y brenin ei achub, ond dyn trist iawn oedd e. Roedd wedi colli Cantre'r Gwaelod am byth.

Cafodd Seithennyn a Mererid eu hachub hefyd. Fe briododd y ddau a
symud i ogledd Cymru i ddechrau bywyd newydd.

Ond, tybed a gafodd Seithennyn fywyd hapus? Roedd llawer o bobl yn
rhoi'r bai arno am foddi gwlad hardd Cantre'r Gwaelod.

Trwy ofer esgeulustod
Y gwyliwr ar y tŵr,
Aeth clychau Cantre'r Gwaelod
O'r golwg dan y dŵr.

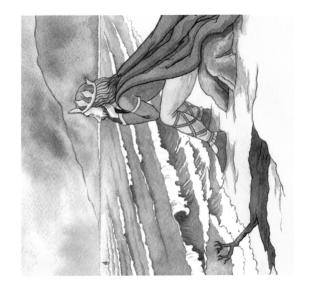

Dic Penderyn

Dyma stori am arwr o'r enw Dic Penderyn. Mae ei hanes wedi dal dychymyg pobl Cymru ers dau gant o flynyddoedd ac mae straeon amdano yn cael eu hadrodd hyd heddiw.

Ond pwy oedd e, a pham mae Dic Penderyn yn arwr?

Ganwyd Dic Penderyn, neu Richard Lewis i roi ei enw iawn iddo, yn 1808. Lewis a Mary oedd enw'i dad a'i fam ac roedd y tri'n byw mewn bwthyn bach yn Aberafan, sydd heddiw yn sir Castell-nedd Port Talbot ond a oedd yn ardal wledig ar y pryd. Doedd Dic ddim yn mynd i'r ysgol ond roedd e'n fachgen galluog ac fe ddysgodd sut i ddarllen ac ysgrifennu Cymraeg a Saesneg.

Pan oedd yn 11 oed, dyma'i fam yn galw arno o'r gegin un diwrnod, "Dic, mae 'da ni rywbeth pwysig i'w ddweud wrthot ti."

"Oes rhywbeth yn bod, Mam?" gofynnodd Dic. Roedd golwg ddifrifol iawn ar ei fam.

"Mae'n rhaid i ni symud o Aberafan," meddai, "a mynd i Ferthyr Tudful i fyw. Mae dy dad wedi cael gwaith yn y pwll glo ac fe fydd rhaid i ti fynd i weithio dan ddaear hefyd."

Fel cannoedd o deuluoedd eraill ar y pryd, fe symudodd Dic a'i fam a'i dad i Ferthyr Tudful. Roedd tref Merthyr yn tyfu'n gyflym oherwydd bod cymaint o alw am yr haearn a'r glo gwych oedd yno. Roedd yn cael ei allforio i bedwar ban byd. Tyfodd poblogaeth y dref o 7,000 i 30,000, a Merthyr oedd y dref fwyaf a'r bwysicaf yng Nghymru.

Cafodd stryd ar ôl stryd o dai newydd eu codi ar frys ar gyfer yr holl bobl oedd yn symud yno. Ond doedd gan lawer o deuluoedd ddim dŵr glân. Doedd y system garthion ddim yn gweithio, felly roedd y strydoedd i gyd yn drewi.

Byddai'r dynion a'r bechgyn yn gweithio'n galed bob awr o'r dydd o dan ddaear yn y pyllau glo a'r gweithfeydd haearn ac roedd bywyd yn anodd iawn iddyn nhw a'u teuluoedd.

Tyfodd Dic yn fachgen cryf a thal ac fe wnaeth lawer o ffrindiau ym mhwll glo Penderyn. Un ohonyn nhw oedd Lewis Lewis, neu Lewsyn yr Haliwr. Gwaith Lewsyn oedd halio glo, sef cario llwythi o lo trwm o un lle i'r llall.

"Y'ch chi 'di clywed?" gofynnodd Lewsyn rhyw ddiwrnod.

"Clywed beth?" gofynnodd Dic.

"Ma gweithwyr pyllau Cyfarthfa, Dowlais a Merthyr yn mynd ar streic," atebodd Lewsyn.

"Streic? Pam?" holodd rhai.

"Maen nhw wedi cael llond bol!"

"Cael eu trin yn annheg!"

"Ma'r meistri'n ein trin ni'r gweithwyr fel baw!"

"Wel, mae'n hen bryd i ni ddysgu gwers i'r meistri," meddai Dic. "Ma pethe wedi gwaethygu yn y pyllau. Dyw pethe ddim fel y buon nhw." Roedd rhai o'r gweithwyr yn gandryll am nad oedden nhw wedi cael eu talu ers chwech wythnos.

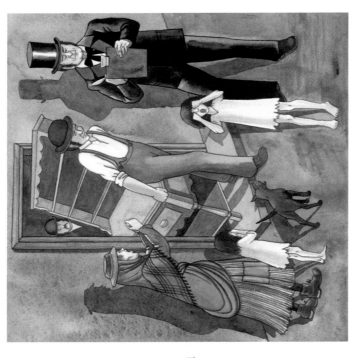

"Dwi ddim wedi cael bath twym ers pythefnos!"

"Mae Jac Tŷ Top yn dweud fod y cythrel Crawshay 'na wedi rhoi dros gant o bobl mas o waith!"

"Mae 'mhlant i'n mynd yn deneuach bob dydd achos sdim bwyd."

"Glywsoch chi am Wil, drws nesa i ni? Mae'r beiliaid wedi mynd â hen ddreser werthfawr ei fam-gu o'r tŷ!"

"Dwi wedi clywed taw John Siop Isa sy'n dweud wrth yr ynadon pwy sydd heb dalu eu bilie!"

"Reit!" gwaeddodd Dic.

"Mae'n rhaid i ni wneud rhywbeth am hyn! Alla i ddim sefyll yn ôl a gwneud dim byd."

Roedd pocedi'r meistri'n llawn, ond tâl y gweithwyr yn mynd yn llai.

Daeth Dic Penderyn a Lewsyn yr Haliwr yn arweinwyr naturiol i'r gweithwyr – roedden nhw'n deall y newidiadau mawr oedd yn digwydd yn y Senedd yn Llundain. Byddai'r ddau'n darllen y papurau newydd ac yn esbonio'r newyddion i'r gweithwyr eraill.

Erbyn 1829, roedd y galw am haearn a glo yn lleihau, a mwy a mwy o bobl yn colli eu gwaith. Trefnodd Dic a Lewsyn gyfarfodydd mawr er mwyn penderfynu beth i'w wneud. Daeth 20,000 o bobl i un cyfarfod cyhoeddus ar gomin Twyn-y-Waun.

"Dewch, bois! Rhaid cael pawb at ei gilydd!" gwaeddodd Dic.

"Dangoswn ni i'r diawled!" gwaeddodd un arall.

"Rhaid sefyll gyda'n gilydd fel un!"

Roedd y dorf yn flin iawn a cherddodd cannoedd drwy strydoedd Merthyr yn torri drysau, malu ffenestri a llosgi celfi roedd y beiliaid wedi eu cymryd a'u gwerthu i bobl eraill. Doedd dim heddlu ym Merthyr yr adeg honno i gynnal cyfraith a threfn.

Ar fore'r 3ydd o Fehefin 1831 aeth tua dwy fil o bobl i brotestio y tu allan i Westy'r Castell ym Merthyr. Roedden nhw wedi clywed bod Crawshay a'r meistri eraill yn cynnal cyfarfod yno. Daeth milwyr i gadw trefn – y Royal Glamorgan Light Infantry o Gaerdydd a'r Argyll and Sutherland Highlanders o'r Alban, a oedd wrthi'n ymarfer yn Aberhonddu.

"Crawshay! Crawshay! Crawshay!" gwaeddai'r protestwyr.

Roedd y lle'n ferw gwyllt. Dechreuodd y milwyr a'r protestwyr ymladd yn ffyrnig. Chwifiwyd Baner Goch bob tro roedd pobl yn protestio. Darn o gynfas oedd y faner, wedi ei lliwio'n goch gan waed llo. Daeth y Faner Goch yn symbol o nerth y gweithwyr yn sefyll yn gryf gyda'i gilydd.

Yn sydyn, dyma'r milwyr yn dechrau saethu. Rhedodd y dorf i bob cyfeiriad, ond arhosodd cannoedd ar ôl i ymladd, gan gynnwys Dic a Lewsyn.

Roedd y sŵn yn fyddarol – sŵn gweiddi a sgrechian, sŵn tanio gynnau, sŵn gwydr yn malu, a sŵn dynion wedi eu brifo.

Lladdwyd 16 o brotestwyr a chafodd 28 o bobl eu dal gan y milwyr y diwrnod hwnnw, a'u hanfon i'r carchar yng Nghaerdydd.

Cafodd Dic ei arestio, a'i roi yn y carchar am geisio lladd milwr o'r enw Donald Black. Roedd James Abbott a James Drew, dau ddyn a oedd yn casáu Dic, wedi dweud eu bod wedi gweld Dic yn trywanu Black yn ei goes. Ond roedd Dic yn gwadu hynny'n bendant, ac roedd Donald Black ei hun hyd yn oed wedi dweud nad oedd e wedi gweld Dic erioed o'r blaen.

Sut oedd hyn wedi gallu digwydd?

Pan aeth y si ar led fod Dic wedi ei gael yn euog o drywanu milwr, a'i fod yn mynd i gael ei grogi, doedd y bobl ddim yn credu!

Cafodd deiseb ag 11,000 o enwau arni yn cefnogi Dic ei dangos yn y llys. Dywedodd un dyn ei fod wedi gweld Donald Black yn cael ei drywanu gan ddyn mewn côt frown, ond roedd Dic yn gwisgo côt las tywyll. Roedd un o'r meistri haearn, Joseph Tregelles Price, hyd yn oed wedi cefnogi Dic. Ac mae'n debyg fod Crawshay ei hun wedi talu am gyfreithiwr da iddo.

Roedd dydd Sadwrn, y 13eg o Awst 1831, yn ddiwrnod trist iawn. Cafodd Dic Penderyn, 23 oed, ei grogi yn gyhoeddus yng Nghaerdydd. O'r 28 a oedd wedi cael eu harestio o flaen Gwesty'r Castell ym Merthyr, Dic oedd yr unig un a gafodd ei grogi. Wrth iddo sefyll ar y grocbren, gwaeddodd,

"O Arglwydd, dyma gamwedd!"

Oedd, roedd y llys wedi gwneud camgymeriad mawr.

Cafodd corff Dic ei gario'n ôl i Aberafan, ac ar ddiwrnod yr angladd roedd colomen wen wedi glanio ar ei arch, ac roedd ei wraig yno, yn cario babi bach yn ei breichiau.

Mae plac i gofio am Dic Penderyn ar adeilad y llyfrgell ym Merthyr Tudful ac ar Heol y Santes Fair, Caerdydd.

Ôl-nodyn

Yn 1874, yn Pennsylvania, America, roedd dyn o'r enw Ieuan Parker wedi cyfaddef taw ef oedd wedi trywanu Donald Black yn ei goes.

Gwylliaid Cochion Mawddwy

Enw pentref ar heol brysur yr A470 yw Dinas Mawddwy, i'r de o Ddolgellau, ac yn yr ardal hon rhyw bum cant o flynyddoedd yn ôl roedd criw o ddynion dychrynllyd yn byw. Pobl wyllt – gwylliaid – yn colli eu tymer yn hawdd oedden nhw, ac fe fydden nhw'n codi ofn ar sawl un!

Ond pam 'cochion'? Wel, mae rhai'n dweud bod gan bob un o'r Gwylliaid wallt coch, a rhai eraill yn dweud bod eu dwylo'n goch – gan waed.

Roedd hi'n noson oer, ganol gaeaf, ac roedd gwynt rhynllyd yn chwythu o gwmpas Cwm Dugoed. Roedd chwech o ddynion yn cuddio yn y goedwig, yn aros.

Aros yn amyneddgar.

Aros amdano.

"Dyma fo'n dod!" sibrydodd Elis ap Tudur.

Roedd dyn yn cerdded yn araf atyn nhw, yn gafael yn dynn yn ei glogyn du a'i wyneb wedi ei guddio o dan het fawr, lydan. Yn sydyn, clywodd weiddi cras yn dod o'r coed a theimlodd freichiau cryf yn rhwygo'r clogyn oddi arno. Tynnodd rhywun ar ei fag a oedd wedi'i glymu o gwmpas ei ganol.

"Iawn, gadewch o'n rhydd," gwaeddodd rhywun. "Dwi wedi'i gael o!"

Cafodd ei wthio wedyn yn galed a'i adael ar bridd rhewllyd y goedwig – heb ei glogyn a heb ei arian.

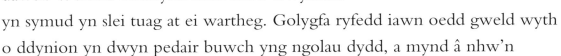

Daeth y gwanwyn i Gwm Dugoed ym Mawddwy ac roedd criw yn cuddio y tu ôl i wal gerrig rhwng dau gae lle roedd gwartheg duon Gruffydd Siôn yn pori'n dawel. Welodd Gruffydd Siôn mo'r Gwylliaid yn symud yn slei tuag at ei wartheg. Golygfa ryfedd iawn oedd gweld wyth o ddynion yn dwyn pedair buwch yng ngolau dydd, a mynd â nhw'n hamddenol o'r cae, fel petai dim o'i le! Doedd dim gweiddi, na brefu, na neb na dim wedi cael niwed.

Pethau fel hyn oedd yn digwydd ym Mawddwy amser maith yn ôl. A Gwylliaid Cochion Mawddwy oedd wrthi bob tro. Ar ôl dwyn yr arian oddi wrth y cerddwr yn y goedwig oer, aeth y Gwylliaid at Mari Siân. Roedd hi newydd golli ei gŵr, a dyma nhw'n rhoi'r holl arian iddi hi a'i phump o blant. Roedd hi mor ddiolchgar!

Ac ar ôl dwyn gwartheg Gruffydd Siôn, fe aeth y Gwylliaid â nhw at ddwy fferm fach yr ochr arall i Fwlch yr Oerddrws a'u rhoi i'r ddau deulu tlawd oedd yn byw yno.

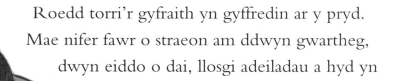

Roedd torri'r gyfraith yn gyffredin ar y pryd.
Mae nifer fawr o straeon am ddwyn gwartheg,
dwyn eiddo o dai, llosgi adeiladau a hyd yn
oed ladd a llofruddio. Roedd pobl
wedi cael llond bol ar yr holl
ddrwgweithredu.

Ond pwy fyddai'n ddigon
dewr i herio'r Gwylliaid
peryglus?

Un dyn a oedd yn benderfynol
o roi diwedd ar y torcyfraith oedd
Lewis Owain – dyn pwysig iawn ym
Mawddwy. Roedd yn cynrychioli'r
bobl leol yn y Senedd yn Llundain a
chafodd ei wneud yn Farwn. Felly,
roedd ganddo'r hawl i gosbi pobl
yn y llysoedd.

Fe ddaeth yn enwog am ddal drwgweithredwyr a'u taflu i'r carchar, neu weithiau eu crogi. Yn 1554 roedd dros dri chant o bobl wedi torri'r gyfraith ym Meirionnydd ac wedi gorfod sefyll o flaen y Barwn Owain yn y llys. Roedd e am wneud *popeth* o fewn ei allu i ddal Gwylliaid Cochion Mawddwy.

O dipyn i beth, fe aeth pethau'n waeth rhwng y bobl gyfoethog a'r bobl dlawd, gyffredin. Ac un noson oer ym mis Rhagfyr 1554, dyma'r Barwn yn trefnu cyfarfod gyda nifer o ddynion pwysig yr ardal.

"Gyfeillion," meddai, mewn llais dwfn, "rydyn ni wedi dod yma heno i gytuno ar gynllwyn i ddal y Gwylliaid. Ydych chi'n cytuno?"

"Ydyn, Farwn!"

"Wrth gwrs, Farwn!"

"Cyn gynted â phosib, Farwn."

"Fe wnawn ni unrhyw beth i gael gwared â nhw," meddai John Wyn ap Meredydd.

Ac erbyn diwedd y cyfarfod, roedd pawb wedi cytuno ar gynllwyn a allai olygu diwedd ar y Gwylliaid, am byth.

Roedd hi'n Noswyl Nadolig ac roedd eira wedi disgyn ar lawr Cwm Dugoed. Aeth si ar led fod y Gwylliaid wedi trefnu cyfarfod yng Nghollfryn ac fe gasglodd y Barwn Owain ddynion at ei gilydd er mwyn eu dal.

"Ha! Does dim dianc i fod iddyn nhw heno!" meddai'r Barwn yn greulon wrtho'i hun. "Fe wnawn ni eu dal, unwaith ac am byth. A bydd pawb yn diolch i *fi*!" A chwarddodd yn dawel.

Oherwydd yr eira ar lawr byddai olion traed y Gwylliaid i'w gweld yn glir ac yn arwain y Barwn a'i ddynion at eu cyfarfod cudd.

Gweithiodd cynllwyn y Barwn yn berffaith. Bu brwydro ffyrnig a llawer o golli gwaed. Roedd sŵn yr ymladd i'w glywed o bell ac aeth nifer o bobl draw i Gollfryn i weld beth oedd yn digwydd. Roedd golygfa erchyll yn eu disgwyl yno.

Roedd degau o ddynion a bechgyn wedi cael eu dal – rhai ohonyn nhw mor ifanc â phymtheg oed – a'u clymu i'r coed â rhaffau trwchus.

Ac roedd rhai wedi cael eu harwain i ran arall o'r goedwig – i gael eu crogi, yn rhes ar ôl rhes, ar frigau'r coed.

Nadolig trist iawn a gafodd teuluoedd y Gwylliaid ym Mawddwy yn 1554. Roedd rhai'n addo dial ar y Barwn Owain am fod mor greulon, ac un o'r rheini oedd mam i ddau fachgen ifanc a gafodd eu crogi. Mynnodd hi y byddai'r Barwn ei hun yn dioddef am yr hyn roedd e wedi ei wneud.

"Fe fydd y Gwylliaid yn golchi eu dwylo yng ngwaed dy galon *di* rhyw ddiwrnod," meddai hi wrtho. Chwerthin yn ei hwyneb hi wnaeth y Barwn. Ond ddeg mis yn ddiweddarach, doedd e ddim yn chwerthin...

Roedd y Barwn wedi bod yn y Trallwng un diwrnod, ac roedd yn teithio'n ôl i Fawddwy gyda'r nos. Doedd ganddo ddim syniad fod criw gwyllt yn cuddio wrth Fwlch y Fedwen. Roedd gan bob un ohonyn nhw wên ar eu hwynebau ac wedi bod yn aros am y cyfle hwn ers y Nadolig cynt.

Wrth gamu i mewn i'r goedwig, clywodd y Barwn rywbeth trwm yn syrthio'n glewt y tu ôl iddo. A'r eiliad nesa dyma foncyff mawr trwm yn syrthio'n syth o'i flaen. Doedd dim ffordd iddo ddianc, yn ôl nac ymlaen. Roedd wedi cael ei ddal!

Rhuthrodd y Gwylliaid ato ac ymosod arno'n ffyrnig a'i daro i'r llawr fel petai'n ddoli glwt. Taflodd rai waywffyn hir, miniog a thrywanodd John Goch y Barwn yn ei wyneb. Tynnodd y Barwn y gwaywffon allan, ei thorri'n hanner a'i thaflu i ffwrdd.

Ond doedd dim gobaith i'r Barwn ymladd yn ôl ar ei ben ei hun. Cafodd ei drywanu 30 o weithiau, er iddo ymladd yn ddewr. Cofiodd un o'r Gwylliaid am eiriau'r fam oedd wedi colli dau fab a'u hongian i grogi ar Noswyl Nadolig. Aeth yn ôl at gorff llonydd y Barwn a'i drywanu *un* waith eto, yn galed yn ei galon. Llifodd y gwaed yn goch a golchodd y Gwylliaid eu dwylo yn y gwaed.

Mae'r fan lle cafodd y Barwn ei ladd yn cael ei alw heddiw yn Llidiart y Barwn, ac mae nifer o enwau yn ardal Mawddwy sy'n ein hatgoffa o'r hanes gwaedlyd, trist yng nghanolbarth Cymru:

Ffynnon y Gwylliaid, lle mae'r dŵr yn goch.

Cae Rhos Goch, o dan fferm Collfryn, lle roedd gwaed y Gwylliaid wedi llifo i lawr a throi'r tir yn goch.

Beth am Gae Lladron a Chae Ann? Morwyn oedd Ann a gafodd ei lladd gan saeth un o'r Gwylliaid a oedd eisiau profi ei fod yn gallu saethu o bell.

Mae holl hanesion erchyll Gwylliaid Cochion Mawddwy yn dal i'n swyno ni hyd heddiw. Oes Gwylliaid yn byw ym Mawddwy o hyd? Na, ond maen nhw'n fyw yn ein dychymyg ni!

Llyn y Fan Fach

Roedd Hywel yn byw gyda'i fam ar fferm Blaen Sawdde, wrth odre'r Mynydd Du yn Sir Gaerfyrddin. Roedd ei dad a'i ddau frawd wedi cael eu lladd mewn rhyfel.

Bob dydd byddai Hywel yn crwydro'r mynydd i ofalu am y defaid a bob amser cinio byddai'n mynd i eistedd ar lan Llyn y Fan Fach i fwyta'r brechdanau roedd ei fam wedi'u paratoi iddo. Roedd Llyn y Fan Fach mewn lle tawel ac unig, ac roedd Hywel wrth ei fodd yn gorffwys yno.

Un diwrnod braf o haf aeth Hywel i eistedd wrth y llyn i fwyta'i frechdan gaws.

"Aaa, dyma'r bywyd!" meddyliodd yn freuddwydiol.

Ond cyn iddo gael cyfle i gnoi ei frechdan gaws, gwelodd Hywel olygfa a fyddai'n newid ei fywyd am byth.

Yn sydyn, dyma ferch yn ymddangos yng nghanol y llyn – fel petai rhywun wedi'i chodi o waelod ei thraed a'i rhoi i sefyll ar wyneb y dŵr!

Dechreuodd gribo'i gwallt hir yn araf gyda'i chrib aur, ac edrych ar ei hadlewyrchiad yn y llyn. Gwenodd yn ddel ar Hywel, a dweud mewn llais bach swil,

"Helô, Hywel!"

"Y? Pwy wyt ti? Ydw i'n dy nabod di?" gofynnodd Hywel yn syn.

"Ga i flasu dy fara di?"

"Ym, cei, cei, cei, wrth gwrs," atebodd Hywel yn awyddus.

Cerddodd i mewn i'r dŵr yn agosach ati. Torrodd ddarn o'i frechdan a'i roi iddi. Ar ôl iddi ei gnoi, gwnaeth wyneb hyll a dweud,

"Ych-a-fi! Mae'r bara yma'n rhy galed a sych."

A dyma hi'n troi ei chefn a diflannu i ganol y llyn.

Rhedodd Hywel adre, a'i galon yn carlamu. Wrth rasio i'r tŷ, gwaeddodd, "Mam! Mae merch yn Llyn y Fan Fach!"

"Hywel bach, aros funud nawr! Stedda," meddai ei fam wrtho. A dyma hi'n dechrau adrodd stori am dylwyth teg clyfar a chyfoethog oedd yn byw yn y llyn ers canrifoedd.

"Ond, Mam, rhaid i fi ei gweld hi eto fory!"

"Wel," rhybuddiodd ei fam, "bydd di'n ofalus. Iawn?"

Ar ôl noson ddi-gwsg, aeth Hywel at ei waith fore trannoeth yn gyffro i gyd, gan gario torth o fara ffres yn ei fag. Roedd y bore'n teimlo'n hir iawn i Hywel. Teimlai ei fod yn gwenu o hyd, ac ni allai aros i weld y ferch eto. Pan ddaeth amser cinio rhedodd at y llyn ac eistedd.

Ac aros, am amser hir.

Teimlai Hywel ei wên yn diflannu. Dechreuodd oeri ac roedd yn dechrau digalonni pan welodd, yn sydyn, y gwallt euraid yn codi o'r dŵr! Cerddodd Hywel yn frysiog i fewn i'r llyn, a dweud,

"Helô eto! Dyma fara ffres i ti!"

"Diolch, Hywel," atebodd, a gwên ar ei hwyneb. Ond ar ôl iddi gnoi'r bara, gwnaeth wyneb hyll eto a dweud,

"Ych-a-fi! Mae'r bara yma'n rhy doeslyd."

A diflannodd eto, i ganol y llyn.

Cerddodd Hywel adre a'i ben yn ei blu. Sut allai wneud i'r ferch ei garu?

Amser cinio drannoeth, roedd yn eistedd ar lan Llyn y Fan Fach yn aros amdani ac yn dal torth ffres arall yn ei law, yn barod i'w rhoi i'r ferch.

Eisteddodd, ac aros. Dechreuodd nosi ac roedd Hywel ar fin ildio pan welodd y ferch yn ymddangos yn y gwyll. Roedd hi'n benderfynol o wneud i Hywel aros amdani! Rhedodd Hywel ati, rhoi darn o'r dorth ffres iddi, ac ar ôl iddi ei gnoi, meddai,

"Mm! Mae'r bara yma'n berffaith. Fe wna i wraig dda i ti, os gwnei di fy mhriodi i."

Ond, dyma hi'n diflannu eto i'r dŵr! Wel!

Yna, gwelodd Hywel hen ddyn a chanddo farf hir yn codi o'r dŵr, a thair merch yn sefyll y tu ôl iddo.

"Os wyt ti am briodi Nel," meddai'r hen ddyn, "rhaid i ti ddewis pa un o'r tair yw hi."

Roedd Hywel mewn penbleth. Roedd y tair yr un ffunud â'i gilydd – eu gwallt, eu llygaid, eu gwên, eu taldra, eu gwisg, popeth yr un peth! Edrychodd arnynt yn fanwl, a sylwi bod un ferch wedi symud ei throed fymryn bach bach. Dyna'r arwydd iddo!

"Honna yw Nel!" gwaeddodd Hywel, gan bwyntio at y ferch ar y dde.

"Ti'n iawn," meddai'r tad. "Fe gei di a Nel briodi felly. Fe gewch chi anifeiliaid gen i'n anrheg. Ond mae 'na un amod pwysig – os gwnei di daro Nel dair gwaith, fe fydd hi a'r anifeiliaid yn dod yn ôl i'r llyn yn syth."

"Dim problem!" meddai Hywel. "Fydda i byth yn ei tharo hi!"

Cafodd Hywel a Nel briodas fawr. Roedd pawb eisiau gweld merch Llyn y Fan Fach! Aeth y ddau i fyw ar fferm Esgair Llaethdy, ger pentref Myddfai. Ymhen amser ganwyd tri o fechgyn i Hywel a Nel ac roedd bywyd yn braf.

Un diwrnod, roedd y ddau'n paratoi i fynd i fedydd yn eglwys y pentre.

"Dere, Nel, neu fyddwn ni'n hwyr," meddai Hywel.

"Dwi'n gwybod," meddai Nel. "Fydda i ddim yn hir. Aros i fi fynd i nôl fy nghot o'r llofft."

"Wel cer glou, 'te!" meddai Hywel a'i tharo'n ysgafn ar ei braich.

"O na!" llefodd Nel. "Rwyt ti wedi fy nharo i! Hywel, rhaid i ti fod yn ofalus."

Aeth blwyddyn heibio a chafodd y ddau wahoddiad i briodas. Ar fore'r briodas, gwisgodd y ddau eu dillad gorau ac i ffwrdd â nhw i'r eglwys oedd wedi'i haddurno â blodau lliwgar y gwanwyn. Roedd pawb yn hapus, yn mwynhau'r dathlu.

Pawb, heblaw Nel. Yng nghanol y gwasanaeth, dyma hi'n dechrau beichio crio!

"Nel? Be sy'n bod?" gofynnodd Hywel yn syn, a rhoi pwt iddi gyda'i benelin.

"O na!" llefodd Nel. "Rwyt ti wedi fy nharo i ddwy waith nawr. Rhaid i ti fod yn ofalus iawn o hyn ymlaen, Hywel."

Roedd Hywel yn siomedig iawn, am ei fod wedi anghofio am rybudd tad Nel. Wiw iddo ei tharo eto, neu fe allai ei cholli am byth.

Ychydig amser wedyn, bu farw hen wraig fach o'r pentref ac aeth Hywel a Nel i'r angladd yn yr eglwys. Gwisgai pawb ddillad du parchus ac roedd yn achlysur digalon iawn. Yn sydyn, yn nhawelwch trist yr eglwys, dyma Nel yn dechrau chwerthin yn uchel dros y lle!

"Nel, be sy'n bod? Paid â chwerthin. Sh!" sibrydodd Hywel, a'i tharo'n ysgafn gyda'i faneg.

79

"O na!" llefodd Nel. "Rwyt ti wedi fy nharo i dair gwaith!"

Rhedodd nerth ei thraed yr holl ffordd i Esgair Llaethdy. Gwaeddodd ar yr anifeiliaid i'w dilyn hi, ac fe ddiflannodd Nel a'r anifeiliaid i gyd i ddyfnder y llyn.

Roedd Hywel wedi torri ei galon a bu farw'n fuan wedyn. Byddai'r tri mab yn mynd i Lyn y Fan Fach bob dydd, gan obeithio y byddai eu mam yn dod atyn nhw o ganol y llyn.

Ac un diwrnod, dyma nhw'n ei gweld hi! Cododd o'r dŵr oer a'i gwallt euraid yn diferu.

"Dewch yma, blantos annwyl," meddai Nel. "Mae gen i neges bwysig i chi."

Rhoddodd becyn yr un i'r tri, ac ynddyn nhw roedd llyfrau yn esbonio sut i wella pobol trwy ddefnyddio planhigion a pherlysiau. Daeth y tri yn feddygon enwog a gallai Meddygon Myddfai wella pob afiechyd dan haul. Mae eu ryseitiau i'w gweld hyd heddiw yn *Llyfr Coch Hergest*.

Ac os ewch chi i Lyn y Fan Fach, cofiwch edrych yn ofalus i ganol y llyn, rhag ofn...

Maelgwn Gwynedd

Amser maith yn ôl, roedd nifer o dywysogion yn rheoli gwahanol rannau o Gymru. Un o dywysogion Gwynedd oedd Cadwallon Lawhir ab Einion Yrth (waw, am enw!) ac roedd ganddo fab o'r enw Maelgwn. Y traddodiad oedd i'r mab ddilyn ei dad i fod yn dywysog.

Pan oedd Maelgwn yn blentyn, cafodd ei anfon i ysgol arbennig i fechgyn pwysig ymhell i ffwrdd. Aeth i fynachdy ym Mro Morgannwg i gael ei addysg, ond doedd ganddo ddim diddordeb yn y gwersi. Byddai'n breuddwydio am hela dreigiau a bleiddiaid a dysgu sut i ymladd mewn brwydr. Ond roedd yn fachgen galluog ac erbyn gadael yr ysgol roedd wedi pasio ei arholiadau i gyd.

Roedd yn fachgen dewr, cryf a thal ac roedd ei ffrindiau'n ei alw'n Maelgwn Hir.

Pan fu farw Cadwallon Lawhir ab Einion Yrth, daeth un o ffrindiau ei dad at Maelgwn, sef Einion. Roedd Einion yn adnabod Maelgwn ers iddo gael ei eni a dywedodd wrtho,

"Wel, mae'r amser wedi dod, Maelgwn bach, i ddewis brenin i reoli Gwynedd. Rhaid i ti ddangos i'r bobl taw *ti* sy'n haeddu bod yn frenin."

"Ond dwi *yn* dywysog yn barod ac mae *hawl* gen i i fod yn frenin," meddai Maelgwn wrtho.

"Dwi'n gwybod hynny," meddai Einion. "Ond rhaid i bawb weld dy fod ti'n deilwng, yn gryf, yn ddoeth, yn alluog ac yn ddi-ofn."

"Ond *sut* galla i ddangos hynny?" holodd Maelgwn.

"Wel," atebodd Einion. "Tyrd i'r traeth bore fory, ac fe gei di weld."

Trannoeth aeth Maelgwn, yn llawn cyffro, i draeth Aberdyfi. Roedd y lle'n llawn dop! Roedd pump o dywysogion eraill yno, a'u gweision a'u dilynwyr i gyd yn ffysian o'u cwmpas. A dyma pawb yn ymgynnull i glywed cyhoeddiad pwysig:

"Foneddigion! Rydyn ni wedi dod yma heddiw ar gyfer gorchwyl bwysig iawn – i ddewis brenin ar bobl Gwynedd. Mae angen dyn cryf, dewr a galluog i arwain y bobl. Felly dyma'ch tasg."

Roedd tensiwn yn yr awyr. Daliodd pawb eu hanadl ac roedd sgrech y gwylanod a'r gwynt yn sïo yn y twyni tywod i'w clywed yn glir.

"Brenin nesa Gwynedd fydd yr un sy'n gallu creu cadair i arnofio ar y môr am yr amser hiraf. Syml! Mae gennych chi dair awr i baratoi."

Edrychodd Maelgwn ar Einion a lledodd gwên dros ei wyneb.

Roedd ganddo gynllun…

Dyma nhw'n rhedeg i ganol y twyni tywod a dechrau adeiladu. Doedd dim canŵs na dingis rwber fil a hanner o flynyddoedd yn ôl! Ar ôl gweithio'n galed, yn y dirgel, am dair awr, roedd gan Maelgwn gadair ryfedd iawn…

"Iawn, mae'r amser paratoi ar ben!" gwaeddodd y cyhoeddwr. "Pawb at y lan, os gwelwch yn dda!"

Roedd golwg nerfus iawn ar rai, eraill yn benderfynol o ennill ac ambell un yn straffaglu i gario cadeiriau mawr, pren wedi eu haddurno â gemau a cherrig gwerthfawr. Ond nid cystadleuaeth am y gadair harddaf oedd hon!

"Dywysogion, gwrandewch yn ofalus. Gosodwch eich cadeiriau yn y môr. Pan fydd y corn yn canu, eisteddwch ar eich cadair. Mae'r llanw ar fin dod i mewn, a'r un fydd yn llwyddo i aros ar wyneb y dŵr fydd yn frenin Gwynedd! Pob lwc i bawb!"

Camodd y tywysogion yn ofalus i mewn i'r môr rhewllyd ac ar alwad y corn, dyna nhw'n eistedd.

Ac yn aros.

Ac aros.

Daeth y llanw i mewn. Cododd lefel y dŵr a chododd ofnau'r dorf hefyd. Beth oedd yn mynd i ddigwydd? Roedd rhaid cael brenin ond ai dyma'r ffordd orau i benderfynu? Roedd yn benderfyniad pwysig iawn.

Suddodd un tywysog ar unwaith am nad oedd wedi gosod ei gadair yn syth. Gwelodd pawb ar y lan y gadair yn suddo'n araf bach ac roedd y tywysog yn flin iawn.

"Naaa! Dyw'r gadair ddim yn syth! Mae dwy o'r coesau'n fyrrach na'r ddwy arall!"

Fe geisiodd y tywysog eistedd ar un ochr y gadair ond, yn y diwedd, dyma fe'n syrthio i'r môr gan weiddi a rhegi.

Roedd dau dywysog arall wedi gorfod ildio hefyd, oherwydd roedd eu cadeiriau'n llawer rhy drwm. Er eu bod nhw'n hardd iawn, wedi eu haddurno'n gain â pherlau a cherrig coch, gwyrdd a glas, roedden nhw'n llawer rhy drwm i arnofio ar wyneb y môr. O fewn pum munud, roedd y perlau a'r cerrig i gyd ar waelod y môr!

Roedd tri ar ôl.

Rhoddodd un tywysog y gorau iddi bron ar unwaith am fod arno ofn boddi. Roedd wedi dechrau crio cyn iddo hyd yn oed eistedd i lawr ar ei orsedd!

"Help!" gwaeddodd mewn llais bach truenus. "Dwi ddim yn hoffi dŵr!" Ac fe neidiodd oddi ar ei gadair a rhedeg i'r twyni tywod. Wel, am fabi! Sut fath o frenin fyddai hwnnw?

Felly dim ond dau oedd ar ôl. Dere mlaen, Maelgwn!

Roedd y tywysog arall yn cael trafferth ofnadwy i aros yn llonydd ar ei orsedd. Roedd ei gadair yn llithrig ac yn siglo o un ochr i'r llall fel llong ar fôr stormus. Gwaeddodd ei ddilynwyr arno o'r traeth,

"Dal yn dynn! Dim ond ti a Maelgwn sydd ar ôl! Paid ildio rŵan – dal yn dynnach!"

Roedd yn ceisio'i orau glas i ddal yn dynn ym mreichiau'r gadair ond, yn y diwedd, syrthiodd i'r môr gyda sblash!

Ac roedd Maelgwn yn dal i eistedd yno, yn hapus ac yn gyfforddus. Roedd wedi adeiladu ei gadair trwy blethu'r planhigyn moresg oedd yn tyfu ar y twyni. Efallai nad oedd hi'n gadair hardd, ond roedd hi'n effeithiol. Pan welodd Maelgwn a'i ddilynwyr y tywysogion eraill yn suddo o un i un, dyma nhw'n gweiddi,

"Maelgwn, ti sydd wedi ennill! Hwrê! Maelgwn yw'r gorau!"

A dyna sut y daeth Maelgwn yn frenin ar Wynedd.

Priododd Maelgwn â Nest, y ferch harddaf yng Nghymru ar y pryd, yn ôl pob sôn. Ond doedd eu bywyd gyda'i gilydd ddim yn hapus. Roedd Maelgwn yn ddyn twyllodrus a chyfrwys.

Roedd Maelgwn wedi rhoi modrwy ei fam, brenhines Gwynedd, i Nest yn anrheg. Ond un diwrnod, wrth iddi ymdrochi ar lan afon Elwy, fe gollodd Nest y fodrwy werthfawr. Cafodd y ddau wahoddiad gan Esgob Llanelwy i gael bwyd un noson ac wrth dorri'r eog oedd i ddechrau'r wledd, dyna lle'r oedd y fodrwy, yn sgleinio ym mol y pysgodyn!

Ychydig flynyddoedd wedyn, fe laddodd Maelgwn ei wraig, Nest. Yna, lladdodd ei nai, er mwyn priodi ei wraig e! Yn ogystal â hynny, mae'n debyg iddo ladd ei ewythr, Owain Danwyn. Un peryg oedd Maelgwn!

Rhaid cofio bod Cymru yn y chweched ganrif yn llawn seintiau, fel Dewi Sant a Brynach. Mae chwedl am Maelgwn yn cenfigennu wrth Sant Padarn oherwydd fod gan hwnnw stôr enfawr o aur. Penderfynodd Maelgwn ei dwyllo a cheisio dwyn yr aur oddi arno.

Llenwodd sachau â cherrig mân a mwsog a gofyn i Sant Padarn edrych ar eu hôl, gan esgus mai "trysorau" oedden nhw. Pan ddaeth Maelgwn i nôl y sachau wedyn, roedden nhw'n dal i fod yn llawn cerrig a gwair wrth gwrs.

Cafodd Padarn ei gyhuddo o ddwyn "trysorau" Maelgwn, a'i gosb oedd rhoi ei freichiau mewn crochan o ddŵr poeth, poeth. Cafodd ei freichiau eu llosgi'n ddrwg ond gan fod Padarn yn ddieuog, fe wellodd ei losgiadau o fewn dim. Roedd yn rhaid i Faelgwn gyfaddef wedyn mai tric oedd y cwbl.

Do, fe gafodd Maelgwn Gwynedd fywyd yn llawn helyntion. Adeiladodd nifer o longau mawr ac fe fu'n ymladd gyda môr-ladron sawl gwaith. Roedd yn frenin creulon ac roedd ar y bobl ei ofn.

Yn y flwyddyn 547, daeth y Pla Mawr i Gymru. Roedd miloedd o bobl ar draws Ewrop wedi cael eu lladd gan y Pla.

Doedd dim gwella o'r salwch ac fe geisiodd Maelgwn ddianc rhagddo trwy fynd i guddio yn Eglwys Rhos, Deganwy. Ond cafodd y Pla afael arno trwy dwll y clo. Aeth yn sâl iawn a bu farw'n fuan wedyn, fel unrhyw ddyn cyffredin arall.

Daeth ei fab, Rhun, yn dywysog yn ei le. Ond mae pobl hyd heddiw yn dal i alw Maelgwn Gwynedd yn "ddraig o ddyn".

Merched Beca

"John, cwyd! Mae sŵn ofnadwy'n dod o drws nesa."

"Be? O'r dollborth?"

"Ie, drycha, mae'n wenfflam ac mae pobol dros y lle i gyd. Gobeithio bod yr hen Sarah'n iawn."

Daeth sŵn cnoc galed ar ddrws ffrynt John a Margaret Thomas a rhuthrodd Sarah Williams i mewn i'r tŷ. Roedd ei hwyneb yn ddu a llifai gwaed i lawr ei thalcen.

"Helpwch fi!" meddai'r hen wraig. "Byddan nhw wedi mynd â phopeth sy gyda fi."

"Pwy yw *nhw*, Sarah?" gofynnodd Margaret.

"Merched Beca, wrth gwrs! Pwy arall? Mae hanner fy eiddo i mas ar yr hewl. Dewch gyda fi, plis!"

Llwyddodd y tri i lusgo ychydig o'r eiddo i'r tŷ drws nesa'n ddiogel, ond erbyn y bore, roedd Sarah wedi marw.

Sarah Williams oedd y ceidwad tollborth diweddaraf i gael ei chosbi gan Ferched Beca. Roedd gatiau wedi cael eu codi ar draws ffyrdd ers sawl blwyddyn, ac roedd Merched Beca'n wyllt gacwn am eu bod yn gorfod talu i deithio i'r dre, i'r farchnad neu i brynu calch. Dim ond ar ôl talu toll o 3 ceiniog y tro i geidwad y tollborth y byddai'r teithwyr yn cael mynd drwy'r gât.

Doedd dim arian gan y ffermwyr tlawd i dalu'r tollau i deithio ar hyd y ffyrdd newydd ac roedd rhaid iddyn nhw dalu rhenti uchel i'r meistri tir am gael byw yn eu tai pridd, a thalu arian i Eglwys Loegr hefyd. Roedd hynny'n hollol annheg.

Roedd rhai ffermwyr yn gorfod rhoi mochyn, neu ddafad, neu hyd yn oed oriawr neu fodrwy briodas fel tâl i'r meistri yn lle arian. Bara, tatws a llaeth oedd yr unig fwyd. Bydden nhw'n lwcus iawn i gael cig ac roedd rhai'n ddigon ffodus i allu gwneud eu caws eu hunain. Roedd bywyd yn galed a theimlai rhai mai digon oedd digon.

Ond beth allen nhw ei wneud?

Aeth si ar led fod cyfarfod ym Mynachlog-ddu, ar un o fynyddoedd Preseli, yn Sir Benfro.

"Hei, mae Twm Carnabwth wedi trefnu cyfarfod…"

"… ar ffarm Glynsaithmaen."

"Mae ganddo fe syniad gwych, mae'n debyg."

Ffermwr oedd Twm ac roedd hefyd yn baffiwr cryf. Roedd yn enwog am ei ymladd dewr ac roedd parch iddo drwy'r ardal gyfan. Pan gyrhaeddodd noson y cyfarfod roedd cyffro mawr drwy'r lle a rhyw deimlad bod newid yn yr aer.

"Gyfeillion," meddai Twm wrth y cannoedd o bobl oedd yno, "mae 'na iet arall wedi'i chodi, reit ar draws yr hewl yn Efail-wen y tro hwn. Rhaid i ni'i chwalu hi. Rhaid i ni ddangos nad ydyn ni'n fodlon talu'r tollau drud 'ma!"

Roedd hi'n noson dywyll pan aeth tua phedwar cant o bobl draw i Efail-wen. Edrychai'r dorf yn fygythiol – eu hwynebau'n ddu, a phob un yn cario bwyell, neu bastwn, llif neu ffagl dân, a'u harfau miniog yn sgleinio yng ngolau'r lleuad a'r fflamau. Roedd ambell un wedi'i wisgo mewn dillad merch a wìg hir.

Wrth glywed sŵn carnau ceffylau a chlocsiau'r cerddwyr yn agosáu, crynai ceidwad tollborth Efail-wen, Ned Owen, yn ei sgidiau. Rhedodd am ei fywyd drwy'r drws cefn cyn i'r dorf gael gafael ynddo!

Ac ar orchymyn Twm, neu'r 'Beca', ar gefn ceffyl mawr gwyn yn y blaen, chwalwyd y gât yn deilchion a llosgwyd y dollborth i'r llawr. Diolch byth i Ned redeg nerth ei draed!

Doedd dim stop ar helyntion Merched Beca wedyn. Fe ddaethon nhw'n enwog drwy'r wlad, ond roedd rhyw ddirgelwch mawr yn eu cylch.

Pwy oedden nhw?

Pam roedden nhw'n gwisgo dillad merched ac yn duo'u hwynebau?

Pam nad oedd yr awdurdodau'n eu dal ac yn eu cosbi am losgi a niweidio eiddo?

Doedd dim heddlu yng nghefn gwlad Cymru ar y pryd. Yr awdurdodau oedd yn cosbi, ac un ffordd o wneud hynny oedd defnyddio ceffyl pren. Byddai'r ceffyl pren yn cael ei gario o un lle i'r llall a byddai'r person oedd yn cael ei gosbi yn cael ei roi ar y ceffyl pren mewn lle cyhoeddus o flaen torf enfawr yn curo drymiau.

Byddai weithiau'n gwisgo dillad merch ac yn duo'i wyneb fel nad oedd neb yn gallu gweld pwy oedd e.

★

Roedd hi'n noson ffair yn Hendy-gwyn – yn noson glir, olau leuad ym mis Chwefror. Yn nhafarn y Golden Lion yn y dre roedd gwerthwr moch yn honni ei fod e'n gwybod bod Merched Beca yn mynd i daro. A do, fe chwalwyd tollborth Trefychan, ger y dre, y noson honno.

Pan aeth yr awdurdodau i holi'r yfwyr yn y dafarn am wybodaeth dywedodd y gwerthwr moch ei fod yn adnabod dau o'r Merched. Daliwyd y ddau a'u rhoi o flaen y llys, ond cafodd y ddau eu rhyddhau a chosbwyd y gwerthwr moch am ddweud celwydd!

Roedd Merched Beca yn ymosod o leiaf un waith bob wythnos, a chafodd pump tollborth yn Llanbedr-pont-Steffan eu dymchwel mewn un noson! A gât Porthyrhyd ei dinistrio naw gwaith o fewn wyth wythnos.

Erbyn 1840 roedd Merched Beca yn arwyr. Roedd mwy a mwy o Ferched ar hyd gorllewin Cymru – o Abergwaun i Abertawe, o Landeilo i Langurig.

Ond y cwestiwn mawr oedd – pwy oedd Beca?

Twm Carnabwth oedd y Beca gyntaf, ond roedd sawl un arall yn arwain criw o Ferched mewn ardaloedd eraill, fel Shoni Sgubor Fawr, Dai'r Cantwr a Jac Tŷ Isha. Roedd pob un yn dal a chyhyrog a godai ofn ar bob ceidwad tollborth a chwnstabl a oedd wedi'i anfon i orllewin Cymru i geisio datrys dirgelwch Beca a'i Merched.

Yn Llandysul un noson, cerddodd chwe chant o Ferched at dollborth a rhedodd y cwnstabliaid am eu bywydau!

Yn Llanfihangel-ar-Arth ffurfiodd Merched Beca gylch enfawr o gwmpas y cwnstabliaid a'u gorfodi *nhw* i ddinistrio'r gât gyda'u pastynau!

Ym Mhwll-trap cyrhaeddodd Merched Beca y dollborth yno, pwysodd Beca ar y gât, a dweud, mewn llais merch, "O, ferched bach, alla i ddim mynd gam ymhellach."

"Pam, Beca?" gwaeddodd y Merched i gyd.

"Wel," meddai'n araf, "mae 'na iet bren ar draws yr hewl, ac mae ar glo."

"Rhaid i ni'i thorri i lawr 'te!"

"Da iawn! Lawr â hi!"

101

Ac o fewn deng munud roedd Beca a'i Merched wedi diflannu i'r nos a gadael llanast ar eu hôl.

Ond roedd un ymosodiad pwysig iawn i ddod eto – ar dloty Caerfyrddin. Roedd ffermwyr a'u teuluoedd yn cael eu hanfon i'r tloty am eu bod yn methu talu'r rhenti uchel.

Roedd siopau Caerfyrddin i gyd wedi'u cau, a'r strydoedd cul yn wag, yn aros am ymosodiad Merched Beca.

Daeth torf o ddwy fil i dafarn y Plough and Harrow amser cinio. Roedd naws carnifal yno, yr awyr yn las a seindorf yn chwarae. Ar ôl gorymdeithio am ryw awr a chyrraedd tloty Caerfyrddin, cafwyd hyd i allwedd y drws, a cherddodd y tlodion i gyd yn rhydd!

Ond yna, dechreuodd pethau fynd o chwith. Yn sydyn, clywyd gwaedd, "Mae'r milwyr yn dod!"

"Mae cleddyfau ganddyn nhw!"

Gwasgarodd Merched Beca i bob cyfeiriad mewn panig. Cafodd llawer eu hanafu a'u dal, a rhai eu carcharu a'u halltudio i ben draw'r byd.

Dyna oedd dechrau'r diwedd i Ferched Beca.

Erbyn 1843, roedd rhyw deimlad fod yr awdurdodau'n ennill y dydd. Cafodd mwy o arweinwyr eu dal ac roedd mwy a mwy yn credu bod Merched Beca wedi mynd yn *rhy* greulon ac yn gwneud mwy o ddrwg na da.

Roedd adroddiadau am Ferched Beca ym mhapur newydd y *Times*, a daeth llywodraeth y Frenhines Victoria i wybod am safonau byw gwael cefn gwlad Cymru. Ysgrifennwyd adroddiad manwl ar sut i wella bywyd y ffermwyr a rheoli'r tollau wrth y tollbyrth. Felly, roedd ymgyrch Merched Beca wedi llwyddo i helpu'r ffermwyr wedi'r cyfan!

Arweinydd Merched Beca yn ystod yr ymosodiad ar dloty Caerfyrddin oedd Michael Bowen, ac fe ysgrifennodd bennill:

Rhyw ddynes go ryfedd oedd Beca
Am blanta, mi goeliaf yn siŵr;
Mae ganddi rai cannoedd o ferched,
Er hynny, does ganddi 'run gŵr!

Rhys a Meinir

Roedd Rhys a Meinir yn byw ym mhentref Porth y Nant yng nghwm Nant Gwrtheyrn ar arfordir gogledd Llŷn. Doedd dim llawer o dai na phobl yn y cwm ar y pryd. Tair fferm oedd yno – Tŷ Uchaf, Tŷ Canol a Thŷ Hen. Roedd Rhys yn byw yn un ohonyn nhw a Meinir yn un o'r lleill. Roedd y ddau yn ffrindiau mawr.

Bachgen tal a chryf oedd Rhys, ac roedd ei wallt cyrliog mor ddu â glo. Roedd yn byw gyda'i ddwy chwaer hŷn, Gwyneth a Gwen. Byddai Rhys wrth ei fodd yn mynd â'i gi defaid, Cidwm, am dro ac weithiau fe fyddai Meinir yn cerdded gyda nhw ac yn crwydro am oriau hir. Roedden nhw'n adnabod pob twll a chornel o'r Nant ac yn chwarae allan yn yr awyr iach ar bob cyfle – yn rhedeg i lawr at y môr ac yn edrych allan ar y tonnau o ben Carreg y Llam, neu'n mynd i gysgodi o dan yr hen goeden dderwen.

Roedd Meinir yn byw gyda'i thad, Ifan Meredydd. Roedd o mewn tipyn o oed ac yn meddwl y byd o'i ferch hardd a'i gwallt hir, tywyll. Byddai Rhys yn mynd i gartref Meinir yn aml ac yn helpu Ifan Meredydd ar y fferm.

Daeth Ifan i feddwl y byd o Rhys hefyd a byddai'n hoff o dynnu coes y ddau ffrind, a dweud wrthyn nhw y bydden nhw'n siŵr o briodi ei gilydd ryw ddiwrnod.

"O Dad!" dywedai Meinir a'i bochau'n gwrido. "Paid â bod yn wirion. Dim ond deg oed ydw i!"

"Ie wir, Ifan Meredydd!" meddai Rhys. "Pwy fydd eisio priodi merch mor hyll â Meinir?!"

A byddai'r tri'n chwerthin yn hapus.

Ond wrth i'r ddau dyfu'n hŷn roedd hi'n amlwg i bawb eu bod nhw mewn cariad.

Un diwrnod braf o haf, pan oedd y ddau tua phymtheg oed, fe aethon nhw am dro. Rhedodd Rhys at yr hen goeden dderwen a oedd wedi cael ei hollti sawl gwaith gan fellt. Gwaeddodd ar Meinir,

"Aros fan'na am funud! Cau dy lygaid. Mae gen i syrpréis i ti!"

Caeodd Meinir ei llygaid yn dynn a phan alwodd Rhys arni, "Iawn! Dwi'n barod. Ty'd i weld...", rhedodd draw ato. Roedd o'n wên o glust i glust ac yn pwyntio at rywbeth ar risgl y goeden.

"Wel? Be ti'n feddwl?" gofynnodd Rhys.

"Rhys! Ddylet ti ddim fod wedi gwneud hynna! Mae'n anlwcus," meddai Meinir yn drist.

"Pam? Dwi am i bawb wybod ein bod ni'n caru'n gilydd. Pam mae hynny'n anlwcus?" Roedd Rhys wedi ei siomi'n fawr gan ymateb Meinir.

"Mae'n ddrwg gen i, Rhys. Ond mae rhyw deimlad rhyfedd ym mêr fy esgyrn...", a cherddodd i ffwrdd yn freuddwydiol, a'i phen yn isel.

Aeth y blynyddoedd heibio ac roedd Rhys a Meinir, o'r diwedd, wedi dechrau trefnu eu priodas. Cafodd y gwahoddiadau eu hanfon, y ffrog briodas ei gwnïo, y gacen ei choginio a'r wledd ei pharatoi. Roedd pawb yn y Nant yn edrych ymlaen at y diwrnod mawr – dydd Sadwrn, y 5ed o Orffennaf.

Pan ddaeth mis Gorffennaf roedd Rhys a Meinir yn llawn cyffro. Roedd cymaint o bethau i'w gwneud cyn y diwrnod mawr. Byddai Eglwys Clynnog Fawr yn bictiwr o liw ac yn llawn o flodau'r haf.

Noson cyn y briodas, daeth rhes fawr o bobl i sefyll y tu allan i dŷ Meinir i ddymuno lwc dda i'r pâr ac i roi anrhegion priodas iddyn nhw, fel blancedi gwlân a chaws a mêl.

Byddai trannoeth yn ddiwrnod i'w gofio...

Ar ôl niwl y bore cynnar, disgleiriodd haul cynnes dros y Nant ac roedd yr awyr yn las, las – tywydd perffaith ar gyfer priodas. Doedd plant y Nant ddim yn taflu conffeti ond fe fydden nhw'n rhoi blodau a changhennau ar lwybr yr eglwys. Doedd dim car crand i fynd â'r briodferch i'r eglwys ond byddai'n mynd i guddio. Byddai ffrindiau'r priodfab yn mynd i chwilio amdani wedyn, a gwneud yn siŵr ei bod hi'n cyrraedd yr eglwys yn ddiogel.

"Plis paid â bod yn hwyr!" meddai Rhys wrthi'r noson cynt. "Paid â mynd i guddio'n rhy bell."

"Paid â phoeni," meddai Meinir gan wenu'n swil. "Fe wna i'n siŵr y bydd dy ffrindiau di'n gallu dod o hyd i mi. Fory fydd diwrnod gorau 'mywyd i."

A ffarweliodd y ddau, yn hapus iawn eu byd.

Ar ôl i Meinir wisgo'i ffrog briodas wen a phlethu blodau gwyllt yn ei gwallt, aeth i guddio. Rhedodd at yr hen goeden dderwen fawr wrth Garreg y Llam.

Aeth y bechgyn i dŷ Meinir i chwilio amdani, ond dywedodd Ifan Meredydd ei bod wedi gadael ers tro.

Yna, aethon nhw i chwilio yn y beudy a'r sied, ond doedd hi ddim yno. Rhedon nhw i'r goedwig ac edrych i fyny ac i lawr pob coeden, ond doedd hi ddim yno chwaith.

Wrth chwilio a chwilio am oriau ym mhob twll a chornel o'r Nant, roedd y bechgyn yn gweiddi nerth eu pennau,

"Tyrd, Meinir! Fe fydd Rhys yn poeni amdanat ti!"

"Mae'n amser i'r briodas ddechrau!"

"Ble wyt ti?"

"Ateb ni, Meinir. Meeeiniiir!!"

Ond doedd dim sôn amdani'n un man.

Rhedodd rhai o'r bechgyn yn ôl i'r eglwys, rhag ofn ei bod wedi penderfynu cerdded yno ar ei phen ei hun. Ond erbyn cyrraedd yr eglwys doedd Rhys ddim yno. Roedd hi'n rhy hwyr i gynnal y briodas y diwrnod hwnnw, felly roedd Rhys wedi mynd allan i chwilio am Meinir drosto'i hun.

Beth yn y byd oedd wedi digwydd iddi?

Ond er i Rhys chwilio a gweiddi a chrio, ddaeth Meinir ddim i'r golwg. Doedd dim byd mor erchyll â hyn wedi digwydd yn y Nant erioed o'r blaen.

Aeth blynyddoedd heibio ac aeth Rhys o'i go'.

Roedd ei wallt wedi tyfu'n flêr ac roedd ganddo farf hir, drwchus. Doedd o ddim yn bwyta nac yn cysgu. Byddai'n crwydro'r goedwig ganol nos, yn mynd at Garreg y Llam ac yn gweiddi'n gas ar y tonnau.

Un diwrnod, wrth i Rhys orwedd wrth yr hen goeden dderwen yn ei garpiau budr,  dechreuodd fwrw glaw. Disgynnodd y glaw'n drymach ac yn drymach, ac aeth yr awyr yn ddu gan gymylau mawr, tew. Clywodd Rhys sŵn rhuo'r taranau'n dod yn nes ac yn nes. Roedd o'n wlyb at ei groen, ond doedd o'n poeni dim am hynny.

Daeth y storm yn nes eto, a fflachiodd mellt gwyn allan dros y môr. Safodd Rhys ar ei draed a dechrau sgrechian fel dyn gwallgof, yn gweiddi'n uwch na sŵn y storm.

Yn sydyn, clywodd bren yn hollti y tu ôl iddo. Edrychodd ar yr hen goeden dderwen a'i lygaid yn fflachio'n wyllt. Doedd Rhys ddim yn gallu credu ei lygaid.

Allai hyn ddim bod yn wir...

"Meinir?!"

Rhedodd at y goeden nerth ei draed.

"Meinir! Ti sy 'na?"

Roedd y goeden dderwen wedi ei hollti yn ei hanner o'r top i'r gwaelod gan fellten, a thu mewn iddi gorweddai sgerbwd mewn ffrog briodas wen. Roedd y blodau gwyllt oedd wedi eu plethu yng ngwallt Meinir ar ddiwrnod ei phriodas yn hongian yn llipa fel coron dros y benglog.

Penliniodd Rhys wrth y goeden ac wrth iddo estyn ei fraich i gyffwrdd â'i gariad, fflachiodd mellten gan ei daro ar ei gefn, a'i ladd.

★

Cafodd Rhys ei ddarganfod y bore wedyn, ac roedd gwên fodlon ar ei wyneb. Roedd wedi marw yn ddyn hapus ar ôl dod o hyd i Meinir.

Cafodd y ddau eu claddu gyda'i gilydd ym mynwent Eglwys Clynnog Fawr. O'r diwedd, roedd y ddau gariad yn ôl gyda'i gilydd – am byth.

Twm Siôn Cati

Roedd hi'n ddiwrnod ffair, ac roedd sŵn a chyffro'n llenwi strydoedd lliwgar Tregaron. Wrth i Twm Siôn Cati agosáu at y dorf y tu allan i Neuadd y Dref, clywodd leisiau'n sibrwd:

"Lleidr yw e!"

"Laddodd e leidr pen ffordd."

"Wnaiff neb ei ddal e, byth!"

"Cael ei grogi fydd ei hanes e yn y diwedd!"

"Ond dim ond trio helpu'r tlawd mae e," meddai un arall.

Daeth dyn allan o'r llys yn Neuadd y Dref a mynnu tawelwch. Cyhoeddodd ar dop ei lais, "Yn enw'r Frenhines Mary, mae gwobr o ddeg punt i unrhyw un a all ddod o hyd i Twm Siôn Cati."

Sleifiodd Twm fel cysgod du drwy'r dorf. Oedd rhywun wedi sylwi arno? Na, doedd e ddim wedi siarad â neb – newydd gyrraedd roedd e. Rhedodd i gyrion y dref, neidio ar gefn ei geffyl a charlamu i gyfeiriad Ystrad Ffin.

Ond roedd rhai *wedi* ei weld ac wedi carlamu'n wyllt ar ei ôl. Taniodd Twm ei bistol – un, dwy, tair gwaith! Syrthiodd y ceffylau a glaniodd y dynion yn glewt ar lawr. Penderfynodd y rhai call droi'n ôl i ddiogelwch y dref. Cyrhaeddodd Twm afon Tywi, neidiodd oddi ar ei geffyl a dringo llethrau serth Dinas, fel llwynog chwim. Wrth i'r haul fachlud yn oren, aeth Twm i mewn i'r ogof i guddio, a chysgodd yn drwm.

★

Ugain mlynedd cyn hyn, yn 1530, ganwyd Twm ym Mhorth-y-ffynnon, Tregaron. Thomas Jones oedd ei enw llawn. Roedd hwnnw'n enw cyffredin iawn ar y pryd felly daeth pawb i'w adnabod fel Twm (Thomas) Siôn (Jones) Cati, oherwydd Catherine oedd enw'i fam.

Rhan o stad y sgweier oedd Porth-y-ffynnon. Roedd Twm yn byw yno gyda'i fam a'i fodryb. 14 oed oedd Cati pan anwyd Twm. Syr John Wynne, dyn pwysig o ogledd Cymru, oedd ei dad, a syrthiodd mewn cariad â Cati pan glywodd hi'n canu wrth nyddu gwlân ar stepen drws y tŷ. Prynodd Syr John y tŷ oddi wrth y sgweier a'i roi'n anrheg i Cati a'i mab.

Roedd Twm yn blentyn direidus a byddai'n dod adre bob dydd yn fwd o'i gorun i'w sawdl. Ei hoff gêm oedd tasgu mewn pyllau ac afonydd a chwilio am bethau yn y dŵr. Byddai'n rhaid i Cati lanhau ei ddillad bob nos â hen ysgub o frigau.

Roedd Twm wrth ei fodd yn chwarae triciau. Roedd yn glyfar, ac yn medru twyllo pobl yn hawdd. Fe gododd lond twll o ofn ar Gweni Cadwgan un tro trwy wisgo penglog ceffyl fel y Fari Lwyd.

Tua'r adeg honno daeth Cati'n ffrindiau â Jac Sir Gâr, a ddaeth yn ŵr iddi wedyn.

Wrth i Jac a Cati eistedd wrth y bwrdd bwyd un noson, dyma Twm yn clymu cot Jac a sgert Cati gyda'i gilydd. Pan gododd Cati i nôl llwy, fe gododd ei sgert hefyd a rhwygodd dwll yng nghot Jac.

Doedd Jac ddim yn hapus o gwbl, o na!

Bu priodas fawr rhwng Cati a Jac, gyda llawer o ganu, dawnsio ac adrodd penillion. Daeth Twm i farddoni'n dda ac roedd yn gallu tynnu coes yn dda iawn hefyd!

"Hei, Wat! Ma cynllwyn 'da fi. Dere!" meddai Twm wrth ei ffrind un noson.

Ar ôl iddi dywyllu, aeth y ddau i mewn i dref Tregaron, tynnu i lawr pob arwydd siop a thafarn, ac yna eu hongian y tu allan i dai pobl bwysig y dre. Doedd y Ficer Efan Efans ddim yn hapus o gwbl pan welodd arwydd tafarn Y Llew Du y tu allan i'w dŷ y bore wedyn.

Aeth perthynas Twm a Jac o ddrwg i waeth, a phan oedd Twm yn 15 oed, anfonodd Jac ef i weithio i Morus ar fferm Cwm Du, yr ochr arall i'r mynydd.

"Mae'n bryd i ti dyfu lan," meddai Jac wrtho. "Mae angen gwaith caled arnot ti."

Roedd bywyd yn anodd a diflas i'r gweision yng Nghwm Du. Llymru oedd i frecwast a chawl dyfrllyd i swper. Ond un diwrnod, dyma arogl pobi bara hyfryd yn dod o'r gegin. Gwelodd Twm ei gyfle.

"Siân fach, dere 'ma," meddai Twm, gan ddynwared llais Morus, ei thad.

Brysiodd Siân allan o'r gegin, a llithrodd Twm i mewn. Rhoddodd dorth o fara ffres ym mhoced ei got a rhedeg dros y mynydd yn ôl i Borth-y-ffynnon.

121

Roedd Elias Richards yn cadw siop yn Nhregaron. Hen feddwyn crebachlyd, creulon oedd e. Penderfynodd Twm chwarae tric arno.

"Bore da, Elias," meddai Twm. "Ydych chi'n gwerthu potiau mawr clai?"

"Ydw, llond y lle ohonyn nhw," atebodd Elias yn gwta.

"Ond ma twll ym mhob un," cwynodd Twm.

"Twll? Be ti'n feddwl, twll?" chwyrnodd Elias.

"Wel, drychwch ar hwn," meddai Twm, gan gydio mewn crochan mawr a'i osod ben i waered dros ben Elias.

"Ha! Dyna'r twll – digon mawr i'ch pen hyll chi!" gwaeddodd Twm a rhedeg allan o'r siop.

Neidiodd ar ei geffyl a charlamu i gyfeiriad Llanymddyfri.

Hoffai Twm deimlo'r gwynt yn chwipio drwy ei wallt wrth farchogaeth ar ei geffyl. Wrth aros am hoe fach mewn cae wrth ymyl y ffordd, yn sydyn, clywodd sŵn gwn yn tanio a llais cras yn bygwth,

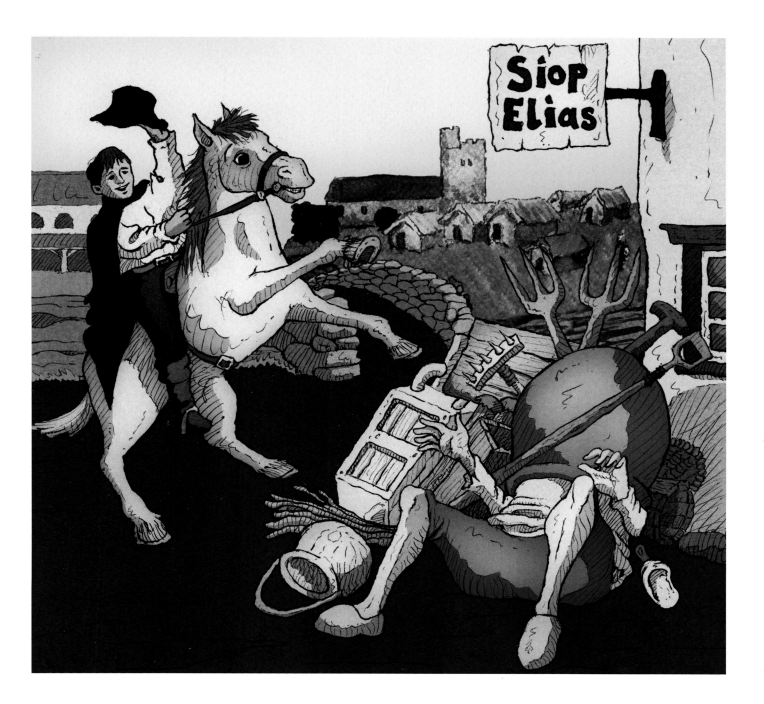

"Eich arian, madam! Neu gewch chi fwled drwy'ch calon!"

Gwelodd Twm ddynes hardd yn syrthio oddi ar ei cheffyl mewn sioc. Aeth y lleidr pen ffordd ati a dechrau chwilio am arian yn ei bag. Sleifiodd Twm y tu ôl iddo a'i daro'n galed ar ei ben. Syrthiodd y lleidr fel coeden wedi'i tharo gan fellten.

Ar ôl i'r ferch ddod ati hi'i hun, roedd hi'n ddiolchgar iawn i Twm am achub ei bywyd. Rhoddodd hi, Joan, wahoddiad iddo i gael swper gyda hi a'i gŵr, Syr George, yn eu plasty, Ystrad Ffin.

Daeth y tri'n ffrindiau da iawn ac un diwrnod gofynnodd Syr George i Twm fynd ar neges bwysig drosto i Lundain. Cytunodd Twm, ond roedd yn gas ganddo feddwl am adael Joan.

Cuddiodd Twm neges Syr George yn ddiogel ym mhoced ei got a llenwodd sach fach gyda chregyn a hoelion.

"Gall hwn fy helpu i rywbryd, dwi'n siŵr," meddai wrtho'i hun yn gyfrwys.

Ac yn wir, un diwrnod, daeth lleidr pen ffordd ar draws Twm. Anelodd ei wn yn fygythiol ato a gweiddi am arian.

Taflodd Twm ei sach o gregyn a hoelion dros y clawdd i mewn i'r cae ac wrth i'r lleidr barus redeg i'w nôl taniodd Twm ei wn ato. Neidiodd Twm ar gefn ceffyl y lleidr a charlamu oddi yno. Roedd y lleidr pen ffordd yn gorwedd yn gelain.

Gwyddai Twm ei fod mewn trwbl a bod rhaid iddo dianc am ei fywyd.

★

Aeth Twm i Genefa yn y Swistir, a byw bywyd tawel yno am flynyddoedd. Pan ddaeth y Frenhines Elisabeth i'r orsedd yn Lloegr, roedd hi'n ddiogel iddo ddychwelyd adre i Gymru.

Aeth yn syth i Ystrad Ffin i weld Joan. Roedd Syr George bellach wedi marw a phenderfynodd Twm a Joan briodi, a'r ddau'n hapus iawn i gael treulio amser gyda'i gilydd o'r diwedd. Daeth Twm yn aelod parchus o'r gymdeithas, yn farnwr ac yn fardd.

Bu farw Twm Siôn Cati yn 1609.